21世纪会计专业主干课程教材

U0862104

"十二五"职业教育国家规划教材
经全国职业教育教材审定委员会审定

EXERCISES AND TRAININGS FOR FINANCIAL MANAGEMENT

财务管理
习题与实训

第八版

袁建国 周丽媛 主编

东北财经大学出版社 Dongbei University of Finance & Economics Press 大连

图书在版编目（CIP）数据

财务管理习题与实训 / 袁建国，周丽媛主编. —8版. —大连：东北财经大学出版社，2024.2

（21世纪会计专业主干课程教材）

ISBN 978-7-5654-5106-5

Ⅰ.财… Ⅱ.①袁… ②周… Ⅲ.财务管理-高等职业教育-教学参考资料 Ⅳ.F275

中国国家版本馆CIP数据核字（2024）第015260号

东北财经大学出版社出版

（大连市黑石礁尖山街217号 邮政编码 116025）

网 址：http://www.dufep.cn

读者信箱：dufep@dufe.edu.cn

大连永盛印业有限公司印刷 东北财经大学出版社发行

幅面尺寸：185mm×260mm 字数：188千字 印张：8.5 插页：1

2024年2月第8版 2024年2月第1次印刷

责任编辑：包利华 责任校对：何 群

封面设计：原 皓 版式设计：原 皓

定价：29.00元

教学支持 售后服务 联系电话：（0411）84710309

如有印装质量问题，请联系营销部：（0411）84710711

第八版前言

本书经全国职业教育教材审定委员会审定，被评为“十二五”职业教育国家规划教材，并且是普通高等教育“十一五”国家级规划教材、“十二五”职业教育国家规划教材、“十三五”职业教育国家规划教材、“十四五”职业教育国家规划教材《财务管理》（第八版）的配套辅导用书。本书第八版是在第七版的基础上进行的修订，具有以下特点：

1. 简化了对有关教材内容的回顾，只是将各章的重点、难点提示出来，避免了内容的重复，并有助于督促学生回到教材中温故知新。

2. 根据党的二十大精神，结合国务院国资委制定的《关于中央企业加快建设世界一流财务管理体系的指导意见》要求，对“补充阅读资料”进行了更新和修订，增加了部分“补充阅读资料”，帮助学生开阔视野，激发其了解和研究更多财务管理知识和现象的兴趣，加深其对主教材知识的理解。“各章习题参考答案”不仅给出最终答案，对于计算分析题和综合题还给出了具体解题过程。

3. 增设了“综合实训”，提供模拟财务管理实践任务，使学生对将所学知识融会贯通地应用于解决实际问题有所体验，当然，通过师生共同的努力来开阔解决问题的思路更加重要。

本书由华中科技大学、文华学院袁建国教授和辽东学院周丽媛教授任主编。辽东学院谷华编写第一章、第四章、第七章、第八章；李娟编写第三章、第五章；李川编写第二章、第六章、第九章；周丽媛编写综合实训。本版修订由袁建国、周丽媛、罗勤艳、袁媛、宋文娟负责。袁建国和周丽媛对全书进行了总纂。

由于时间仓促，加之作者水平有限，书中难免有疏漏之处，敬请广大读者批评指正，我们也将积极予以纠正，并随财务管理理论与实践的发展变化，与主教材同步修订。

如果想与我们讨论与交流，可以QQ扫一扫下面的二维码：

老师您好！

同学您好！

编 者

2024年2月

目　录

第一章

总　论

学习目的和要求

掌握财务管理的概念、财务管理的对象、财务关系、财务管理的目标以及财务管理的环境；熟练掌握财务管理的两大价值观念，并且熟练运用资金时间价值和风险价值的计算方法；熟悉企业投资者的财务管理职责和经营者的财务管理职责；了解企业财务管理体制。

重点和难点

重点：财务管理的概念、财务管理的对象、财务关系、财务管理的目标、财务管理的环境，以及资金时间价值和风险价值的计算方法。

难点：财务管理的目标、财务管理的金融环境，以及资金时间价值和风险价值的计算方法。

预习提示

1. 假如你是一位上市公司的总经理，你的目标是尽量实现企业利润最大化还是尽量把公司股价拉到高位？抑或有其他的选择？

2. 假如你是一位上市公司的大股东，公司的总经理为拿到年终奖，在其职权范围内作出的决策不利于公司的长远发展，你会怎样处理与总经理的矛盾？

3. 公司的财务经理时常遇到下面的问题：公司有一大笔闲置的资金，同时有两个可供选择的投资组合，每个投资组合中的投资项目的风险不同，而且预期的投资收益率也不同。那么，选择这两个投资组合中的哪一个呢？或者干脆都不选，直接把这笔资金存到银行，那又能获取多少收益？假设你是公司的财务经理，你会怎么决策？

通过本章的学习，你将能对上述问题有比较清楚的认识。

习 题

一、单项选择题

1.财务管理的基本环节包括（　　）。

A.筹资、投资与用资

B.资产、负债与所有者权益

C.筹资活动、投资活动、资金营运活动和分配活动

D.预测、决策、预算、控制与分析

2.以资本利润率最大化作为财务管理目标，存在的缺陷是（　　）。

A.不能反映资本的水平

B.不能用于不同资本规模的比较

C.不能用于同一企业不同期间的比较

D.没有考虑风险因素和资金时间价值

3.作为企业的财务管理目标，每股利润最大化较之利润最大化的优点在于（　　）。

A.考虑了资金的时间价值因素　　B.反映了创造利润与投入资本的关系

C.考虑了风险因素　　D.能够避免企业的短期行为

4.通常被认为较为合理的财务管理目标为（　　）。

A.利润最大化　　B.每股利润最大化

C.产量最大化　　D.企业价值最大化

5.财务管理区别于企业其他管理的基本特征，在于它是一种（　　）。

A.物资管理　　B.价值管理

C.使用价值管理　　D.劳动管理

6.财务关系是指企业在财务活动中与有关方面形成的（　　）。

A.货币关系　　B.结算关系

C.经济利益关系　　D.往来关系

7.下列（　　）不属于资金利率的组成部分。

A.纯利率　　B.通货膨胀补偿率

C.流动性风险报酬率　　D.存款利率

8.下列说法中，错误的是（　　）。

A.筹资活动是指企业为了满足投资和用资的需要，筹措和集中所需资金的过程

B.广义的投资包括企业内部使用资金的过程和对外投放资金的过程，狭义的投资仅指企业内部使用资金的过程

C.资金营运活动是指企业在日常生产经营过程中所发生的资金收付活动

D.广义的分配是指企业对各种收入进行分配和分派的过程，狭义的分配仅指对净利润的分配

9.下列说法中，不正确的是（ ）。

A.金融市场的要素主要有市场主体、金融工具、交易价格和利率

B.按期限，金融市场分为短期金融市场和长期金融市场，即货币市场和资本市场

C.按证券交易的方式和次数，金融市场分为初级市场和次级市场，即发行市场和流通市场，或称一级市场和二级市场

D.按金融工具的属性，金融市场分为基础性金融市场和金融衍生品市场

10.下列各项经济活动中，属于企业狭义投资的是（ ）。

A.购买设备 B.购买零部件 C.购买专利权 D.购买国库券

11.没有风险和通货膨胀情况下的均衡点利率是（ ）。

A.利率 B.纯利率

C.流动风险报酬率 D.市场利率

12.甲、乙两个企业均投入100万元的资本，本年获利均为20万元，但甲企业的获利已全部转化为现金，而乙企业则全部是应收账款。财务分析人员认为这两个企业都获利20万元，经营效果相同。得出这种结论的原因是（ ）。

A.没有考虑利润的获得时间

B.没有考虑利润的获得时间和所承担风险的大小

C.没有考虑所获利润和投入资本的关系

D.没有考虑所获利润与规模大小的关系

13.企业财务关系中最为重要的关系是（ ）。

A.股东与经营者之间的关系

B.股东与债权人之间的关系

C.股东、经营者、债权人之间的关系

D.企业与政府有关部门、社会公众之间的关系

14.企业的资金运动表现为（ ）。

A.资金的循环 B.资金的周转

C.资金的循环与周转 D.资金的来源与使用

15.企业价值最大化目标强调的是企业的（ ）。

A.预期获利能力 B.实际利润额

C.实际利润率 D.生产能力

16.在给定年利率且要求1年内复利m次（m＞1）的情况下，名义利率和实际利率的关系为（ ）。

A.前者小于后者 B.前者大于后者

C.前者等于后者 D.不确定

17.资金时间价值的真正来源是（ ）。

A.推迟消费的结果 B.劳动者创造的剩余价值

C.资金自身的增值 D.时间创造的价值

18.甲方案在3年中每年年初付款100元，乙方案在3年中每年年末付款100元，若年利率为10%，则二者在第3年年末的终值之差为（ ）元。

A.31.3　　B.131.3　　C.133.1　　D.33.1

19.在下列各项年金中，只有现值没有终值的年金是（　　）。

A.普通年金　　B.即付年金　　C.永续年金　　D.先付年金

20.以下不属于年金收付方式的有（　　）。

A.等额分期付款　　B.发放养老金

C.用支票支付购入的设备款　　D.每年取得水平相同的销售收入

21.在10%的利率下，1至5年期的复利现值系数分别为0.9091、0.8264、0.7513、0.6830、0.6209，则5年期的普通年金现值系数为（　　）。

A.2.5998　　B.3.7907　　C.5.2298　　D.4.1694

22.下列表述中，不正确的是（　　）。

A.复利终值系数和复利现值系数互为倒数

B.普通年金终值系数和普通年金现值系数互为倒数

C.普通年金终值系数和偿债基金系数互为倒数

D.普通年金现值系数和资本回收系数互为倒数

23.关于风险报酬的下列表述中，不正确的是（　　）。

A.高收益往往伴有高风险

B.风险越小，获得的风险报酬越大

C.在不考虑通货膨胀的情况下，资金时间价值等于无风险收益率

D.风险收益率是指投资者因冒风险进行投资而要求的、超过资金时间价值的那部分额外收益率

24.A公司于第一年年初借款40 000元，每年年末还本付息额均为10 000元，连续5年还清，则其借款利率为（　　）。

A.7.93%　　B.7%　　C.8%　　D.8.05%

25.已知（P/F，8%，5）=0.6806，（F/P，8%，5）=1.4693，（P/A，8%，5）=3.9927，（F/A，8%，5）=5.8666，则i=8%且n=5时的资本回收系数为（　　）。

A.1.4693　　B.0.6806　　C.0.2505　　D.0.1705

26.下列关于货币时间价值的说法中，错误的是（　　）。

A.货币时间价值在量上相当于资金的纯利率

B.递延年金的终值计算与普通年金的终值计算无本质区别

C.在期数、利率相同的情况下，普通年金现值系数是其终值系数的倒数

D.永续年金只有现值，没有终值

27.一项500万元的借款，借款期为5年，年利率为8%，若每半年复利一次，则年实际利率会高出年名义利率（　　）。

A.4%　　B.0.24%　　C.0.16%　　D.0.8%

28.下列关于标准离差与标准离差率的表述中，正确的是（　　）。

A.标准离差以绝对数衡量决策方案的风险，标准离差越大，风险越小

B.标准离差率只适用于期望值相同的决策方案风险程度的比较

C.标准离差率是一个绝对数指标，它以绝对数反映决策方案的风险程度

D. 对于期望值不同的决策方案，可以采用标准离差率来进行比较和评价

29. 如果两个投资项目预期收益的标准离差相同，而期望值不同，则这两个项目（　　）。

A. 预期收益相同　　B. 标准离差率相同

C. 预期收益不同　　D. 未来风险报酬相同

二、多项选择题

1. 进行财务分析的内容主要有（　　）。

A. 偿债能力分析　　B. 营运能力分析

C. 盈利能力分析　　D. 综合能力分析

2. 财务分析结果的使用者主要有（　　）。

A. 投资者　　B. 债权人　　C. 管理者　　D. 债务人

3. 经济环境一般包括（　　）。

A. 经济体制　　B. 经济周期

C. 通货膨胀水平　　D. 经济发展水平

4. 企业所处的金融市场环境通常包括（　　）。

A. 外汇市场　　B. 资金市场　　C. 黄金市场　　D. 寡头垄断市场

5. 金融市场的构成要素主要包括（　　）。

A. 金融市场主体　　B. 金融工具　　C. 交易场所　　D. 内在机制

6. 资本市场的主要特点有（　　）。

A. 融资期限至少在3个月以上　　B. 融资目的是解决长期投资性资本

C. 资本借贷量大　　D. 收益较高但风险也较大

7. 资本市场上的交易方式一般包括（　　）。

A. 现货交易　　B. 期货交易　　C. 期权交易　　D. 信用交易

8. 金融市场对财务管理的影响有（　　）。

A. 为企业筹资和投资提供场所

B. 促进企业资本灵活转换

C. 引导资本流向和流量，提高资本效率

D. 为企业树立财务形象

9. 企业的财务关系包括（　　）。

A. 企业与政府之间的财务关系　　B. 企业与投资者之间的财务关系

C. 企业与债务人之间的财务关系　　D. 企业内部各单位之间的财务关系

10. 影响财务管理的主要金融环境因素有（　　）。

A. 金融工具　　B. 金融市场　　C. 利率　　D. 金融机构

11. 对于资金时间价值的概念的理解，下列表述正确的有（　　）。

A. 一般情况下，资金的时间价值应按复利方式来计算

B. 可以直接用政府债券利率来表示时间价值

C. 商品经济的高度发展是时间价值的存在基础

D. 资金的时间价值相当于没有风险和没有通货膨胀条件下的社会平均资金利润率

12. 下列各项中属于年金形式的有（　　）。

A. 贷款的月还款额　　B. 等额分期付款

C. 养老金　　D. 零存整取的整取额

13. 下列关于风险收益率的说法中，正确的有（　　）。

A. 风险收益率=风险价值系数×标准离差率

B. 投资收益率=无风险收益率+风险收益率

C. 无风险收益率=资金时间价值+通货膨胀补偿率

D. 一般把短期政府债券的收益率作为无风险收益率

14. 下列表述中，正确的有（　　）。

A. 偿债基金系数是普通年金终值系数的倒数

B. 资本回收系数是普通年金现值系数的倒数

C. 递延年金的终值与递延期无关

D. 永续年金无终值

15. 某公司拟购置一处房产，付款条件是：从第7年开始，每年年初支付10万元，连续支付10次，共100万元。假设该公司的资金成本率为10%，则相当于该公司现在一次性付款的金额为（　　）万元。

A. 10×［（P/A，10%，15）-（P/A，10%，5）］

B. 10×［（P/A，10%，10）×（P/F，10%，5）］

C. 10×［（P/A，10%，16）-（P/A，10%，6）］

D. 10×［（P/A，10%，15）-（P/A，10%，6）］

三、判断题

1. 违约风险报酬率是指对于一项负债，到期日越长，不确定因素越多，承受的风险也越大，债权人为弥补这种风险而要求提高的利率。（　　）

2. 以资本利润率最大化作为企业财务管理的目标，仍然没有考虑资金时间价值和风险因素，也不能避免企业的短期行为。（　　）

3. 财务管理是基于人们对生产管理的需要而产生的。（　　）

4. 财务管理是企业组织财务活动、处理与各方面财务关系的一项社会管理活动。（　　）

5. 金融工具按其期限不同可分为货币市场工具和资本市场工具。后者主要有商业票据、国库券（国债）、可转让大额定期存单、回购协议；前者主要是股票和债券等。（　　）

6. 在多种利率并存的条件下起决定性作用的利率称为基准利率。（　　）

7. 从资金的借贷关系看，利率是一定时期内运用资金这一资源的交易价格。（　　）

8. 企业同其债权人的财务关系，在性质上属于投资与受资的关系。（　　）

9. 企业采取短期借款方式来筹集所需资金，这属于企业的筹资活动。（　　）

10. 根据（F/P，5%，5）=1.2763，可知（P/A，5%，5）=（1-1÷1.2763）÷5%=4.3297。（　　）

11.若使1 000元经过4年后的复利终值变为2 000元，每半年计息一次，则年利率应为18.10%。 （ ）

12.已知（F/A，5%，4）=4.3101，（F/P，5%，4）=1.2155，（F/P，5%，5）=1.2763，则（F/A，5%，5）=5.5256。 （ ）

13.根据风险与收益对等的原理，高风险投资项目必然会获得高收益。 （ ）

14.当风险所造成的损失不能由该项目可能获得的收益抵消时，应当放弃该项目，以减少风险。 （ ）

15.在两个方案对比时，标准差越大，说明风险越大；同样，标准离差率越大，说明风险也越大。 （ ）

四、计算分析题

1.某人采用分期付款方式购买一辆汽车，贷款200 000元，在20年内等额偿还，每年偿还一次，年利率为8%，按复利计息。

问题：每年应偿还的金额为多少？

2.某人购买保险，每年投保金额为2 400元，投保年限为25年。

问题：

（1）在投保收益率为8%的条件下，如果每年年末支付保险金，25年后可得到多少现金？

（2）在同等收益率下，如果每年年初支付保险金，25年后可得到多少现金？

3.企业向租赁公司融资租入设备1台，租赁期限为8年，该设备的买价为320 000元，租赁公司的综合投资收益率为16%。

问题：

（1）企业在每年年末等额支付的租金为多少？

（2）企业在每年年初等额支付的租金为多少？

4.某人购买商品房，有三种付款方式：第一种，每年年初支付购房款80 000元，连续支付8年；第二种，从第3年开始，在每年的年末支付房款132 000元，连续支付5年；第三种，现在支付房款100 000元，以后在每年年末支付房款90 000元，连续支付6年。

问题：在市场资金收益率为14%的条件下，应该选择第几种付款方式？

5.某投资项目目前投入资金200 000元，每年有40 000元的投资收益，投资年限为8年。

问题：该项目的投资报酬率为多少？

6.企业准备投资某项目，计划项目经营5年，预计每年分别可获得投资收益200 000元、250 000元、300 000元、280 000元、260 000元。

问题：在保证项目的投资收益率为12%的条件下，企业目前的投资额应在多少元之内？

7.市场状况有35%的可能为良好，有45%的可能为一般，有20%的可能为较差。企业面临两个投资方案的选择：甲方案在市场状况良好、一般和较差的情况下分别有120万元、60万元和-20万元的投资收益；乙方案在市场状况良好、一般和较差的情况下分别有100万元、65万元和-15万元的投资收益。

要求：用风险收益均衡原则决策企业该选择何种投资方案。

补充阅读资料

资料一

“大智移云物”新技术对企业财务管理的影响

近年来，大数据、人工智能、移动互联网、云计算、物联网等新信息技术的迅速发展，推动整个社会迈入“大智移云物”时代。随着“大智移云物”在企业财务领域的应用，“财务机器人”、财务共享服务平台、业财融合信息化平台的构建成为企业财务未来发展的大趋势，财务工作日趋智能化、数字化、集成化，传统的企业财务管理理念、财务管理模式、财务管理流程、财务人员能力要求等已无法适应智能化时代的发展需求。为顺应智能化时代发展，越来越多的企业开始进行财务管理模式、财务管理流程等的创新和变革，推动财务人员转型升级，以提升企业会计信息质量和管理水平，增强企业市场竞争力。

一、对财务管理理念的影响

传统的财务管理理念认为，财务管理的目标是通过开展财务活动，提供财务数据信息，降低财务风险，进而实现企业利益相关者的财富最大化。一方面，通过财务会计的核算职能，为企业经营层和会计信息使用者提供有价值的会计信息；另一方面，通过财务会计的监督职能，对企业未来的财务活动进行财务预测、预算、决策、控制及分析评价。但是，企业原有的财务管理受限于信息技术环境的影响，大量数据纯靠人工进行收集、整合和分析，财务数据的真实性和可靠性值得商榷，财务人员工作效率也较低，严重影响企业利用财务数据进行经营活动预测和决策，财务管理目标难以实现。如今，在智能化时代，大数据具有多维度、兼容性、体量大和无尽重复性等特征，能存储和收集全方位财务数据，云计算、人工智能又能够对大量财务数据进行自动化统计和计算，移动互联网和物联网能够实现财务数据跨地区跨时空跨时间的使用和共享，为企业财务人员充分获取海量数据提供极大便利，有助于企业财务人员及时对获取的数据进行筛选整合和预测分析，进而为企业管理者提供高价值的企业经营情况和财务状况信息。可见，借助大数据、移动互联网、人工智能、云计算等信息技术，财务管理将不再仅仅是以确认、计量、报告等形式反映财务会计信息，而更多将关注预算管理、成本管理、经营数据分析等，为企业经营决策和价值创造提供数据支持，推进业财融合进程，降低企业经营风险和财务风险，进而帮助企业利益相关者实现财富最大化，充分发挥财务管理作用。

二、对财务管理流程的影响

随着企业迅速发展和经营规模的扩大，业财融合呼声日益强烈，要求业务部门和财务部门融会贯通、紧密结合，共同致力于企业价值最大化的目标。然而由于财务部门和业务部门自身职能和绩效考核的目标存在差异，业务部门看重销售额、销售量、客户保留率、市场占有率等，财务部门看重成本费用、经营利润、纳税筹划、报表真实性和可靠性等，导致两部门业务分离比较严重，缺乏必要的沟通和业务交流。此时的财务管理难以向企业经营者提供业务发展情况信息数据，无法指导企业经营活动。在“大智移云物”时代背景下，智能化信息技术有力保障了企业大数据的存储、收集、整合等，为企业搭建专门的业财融合数据库平台提供可能，这样既便于业务部门及时输入业务数据，也便于财务部门实时提取和汇总分析业务数据，并将分析结果反馈至业务部门，真正实现业务流、信息流和资金流的互通互享。因此，“大智移云物”信息技术使得企业业务部门和财务部门的信息存储、传递和沟通更加时效化、便捷化、精确化，打破了原先业务和财务信息孤立的格局，加快推进企业业财融合进程。

三、对财务管理模式的影响

现有大型企业的财务管理模式缺乏统一管理，各子公司或分支机构独立核算，面临业务重复性高、资源配置浪费、信息传递不及时等问题，使得大型企业财务数据的收集难度大、效率低、精确度也不高，不利于大型企业统筹布局各子公司或分支机构业务，经营者难以作出有效的经营决策，最终影响整个企业集团的经营绩效。随着“大智移云物”信息技术在财务领域的应用和普及，越来越多的大型企业逐渐构建财务共享服务平台，以替代传统分散的财务管理模式。财务共享服务平台能够集中处理集团内各子公司跨地区、跨行业、跨时空的经营业务和财务数据，打破原有企业集团各子公司和分支机构之间的“信息壁垒”，有助于实现企业对内业务和对外数据的无缝衔接和融合，促进企业财务数据处理的集中化、财务流程的标准化、财务管理的高效化，进而便于整合集团和各子公司及分支机构的资源和信息，提高企业财务信息的时效性、透明度和精确性，有效解决财务信息传递不及时、沟通不充分而带来的一系列问题。因此，在智能化时代，随着企业经营规模的扩大，构建财务共享服务平台成为未来财务管理模式发展的一大趋势。

四、对财务管理人员的影响

“大智移云物”信息技术推动企业财务管理的变革，而企业财务管理的变革离不开财务管理人员的转型升级。首先，“大智移云物”技术的迅速发展，催生了“财务机器人”“无人银行”“财务共享服务平台”等智能化业务处理工具。这些智能技术软件和平台能够在短时间内不间断地处理大量重复的基础性会计业务，其数据录入、加工整合的精确度和快捷度远高于人工操作。因此，随着人工智能在企业财务领域的应用与普及，传统依靠人工的基础会计核算业务、基础资金支付业务等将逐渐被这些自动化软件和信息化平台所取代，推动基础财务从业人员主动向附加值更高的综合型财务人员转型。这意味着财务人员不再局限于会计凭证填制、发票报销等基础业务能力，而是要逐渐具备成本费用管理、纳税筹划、预算管理、风险控制、经营决策分析等高价值创造的业务能力。此外，在“大智移云物”时代，海量业务数据的收集、存储、整合、分析更加快捷、高效，且能跨越时空、区域、行业等的限制，在提高财务人员的工作效率的同时，也对财务人员的计算机软件的操作应用能力和大数据挖掘分析能力提出更高的要求。可见，信息技术对财务人员的业务能力要求越来越高，未来财务发展更需要兼具财务、税务、计算机、金融、法律、管理等综合知识体系和业务能力的人才。如果财务人员无法迅速适应智能信息技术快速发展的步伐，将很可能面临失业或被社会淘汰的命运。

资料来源　余晓峰."大智移云物"新技术对企业财务管理影响的研究［J］.财政监督，2022（18）.

资料二

建设国有企业一流财务管理体系的探讨

一、国有企业建设一流财务管理体系的重要性

2022年2月18日，国务院国有资产管理监督委员会制定发布了《关于中央企业加快建设世界一流财务管理体系的指导意见》，要求加快构建世界一流财务管理体系，通过5年左右的努力，使中央企业整体财务管理水平明显跃上新台阶，通过10～15年左右的努力，绝大多数中央企业建成与世界一流企业相适应的世界一流财务管理体系，一批中央企业财务管理水平位居世界前列。这一意见的发布，对于指导中央企业立足新发展阶段要求和信息技术变革大势，加快提升财务管理能力水平，更好支撑企业实现高质量发展具有重要意义。

（一）国有企业建设一流财务管理体系是适应新时代国企改革发展新形势的必然选择。党的二十大提出"加快建设世界一流企业"的要求。财务管理是现代企业管理的核心内容和中心环节，是企业实现基业长青的重要基础和保障。要建设一流的企业，就离不开财务管理这个重要的支撑体系。加快建设世界一流财务管理体系，是世界一流企业建设的重要工作内容，是适应新时代国企改革发展新形势的必然选择。完善的财务管理体系不仅有利于推动一流企业建设和发展，而且对提升国有企业的经济效益和社会效益、改善国有企业的整体经营能力等方面有着其不可替代的作用。

（二）国有企业建设一流财务管理体系是国有企业实现高质量发展的内在需要。经过多年的改革发展，我国国有企业财务管理水平不断提升，但同时也存在部分国有企业集团化财务管控建设不到位、财务管理功能发挥不充分、财务管理手段落后于技术进步等情况，与新时期国有企业高质量发展目标不匹配。加快建设世界一流财务管理体系，是国有企业实现高质量发展的内在需要。企业要通过提升自身价值实现可持续发展，离不开财务管理的支撑。企业财务管理一方面可以帮助企业整合各类资源，实现资源的最优配置，降低企业运营成本；另一方面财务管理具有创造价值的核心功能，可以通过预测、决策、控制等功能，实现企业运营价值最大化，推动企业高质量发展。

（三）国有企业建设一流财务管理体系是国有企业财务管理功能转型升级的迫切要求。当前国有企业的财务管理需要从各个环节进行变革转型，财务预测需要转向科学型和精细型，财务决策需要转向程序型和智能型，财务运营需要转向业务型和战略型，财务管理需要实现数字化管理。在数字经济时代，数字化管理方式已经被广泛应用于各个行业，尤其是财务管理。随着企业的进步发展，财务管理模式也需要同步革新优化，传统模式的财务管理显然无法满足当前的企业需求。实际工作中，传统粗放的财务管理模式与企业的业务相互独立，财务对业务的管控力度较弱，导致业务活动中的成本问题和风险问题解决不及时，进而影响企业的经济效益。因而迫切要求通过一流财务管理体系的建设推进企业财务管理的转型升级。

二、国有企业一流财务管理体系建设的主要内容

（一）财务信息管理体系建设。根据企业会计准则等财务会计制度规定来确定企业统一的会计核算基本政策，建立财务会计核算规程。依据《会计基础工作规范》等规定，建立健全企业通用的会计核算业务流程与作业指引，规范会计业务流程，确保会计工作质量。规定财务会计核算办法，积极推进财务共享中心建设，根据企业总体信息规划和财务信息化的建设进程，积极推进财务信息的网络化，实现财务预算、费用报账、财务结算、资金管理、税务核算、资产管理、总账系统、报表系统的集成共享，最终实现企业系统财务管理的一体化。

（二）预算管理体系建设。确立企业预算管理主体，明确预算管理责任。根据企业现行的组织架构与管理体系，以独立经营单位为预算管理主体，以各业务与职能部门为预算执行主体，构建“纵向到底，横向到边，纵横一体”的全面预算管理体系。实行“上级确定方针、下级编制方案，上级审批、下级执行，逐级考评”的预算管理体制。企业预算编制应遵循“发展战略目标→年度经营计划→年度全面预算”逐级转化的递进分解关系进行制定，确保全面预算与发展战略相匹配，与经营计划相一致。建立规范的预算管控流程与制度，将预算指标纳入预算主体的绩效管理体系，定期考核，强化预算执行结果的激励与约束机制，确保预算管理效果。

（三）资金管理体系建设。实行投融资事项集中决策管理制度。企业所属单位投融资权集中在企业集团总部，企业所属单位享有投融资的建议权和执行权，没有决策权。实行营运资金集中管理制度，各所属单位所有资金收入均需存入企业指定的资金归集账户，由企业集中管理，统一调度使用。企业内部实行资金使用分级分类管理制度，对于符合大额资金使用清单的项目，需执行“三重一大”事项集体议事决策制度。企业内部实行资金有偿使用制度，按照各所属单位集中交存或占用资金余额以及规定的资金占用费率计付或计收资金使用费用，以鼓励各所属单位节约使用资金，提高资金使用效益。

（四）风险控制体系建设。建立健全财务部门内部组织控制机制。严格按照不相容职务相互分离原则设置并管理会计工作岗位，认真执行关键会计岗位定期轮岗制度，完善财务部门内部稽核机制，强化财务与其他相关部门之间的制衡机制，明确各级财务管理的授权审批机制，加强组织控制。开展财务风险识别与评估，建立财务风险数据库。制定财务风险控制措施，针对重点财务风险，选择恰当的风险控制策略，制定具体的风险控制措施，并将风险控制措施植入财务管理流程与制度，嵌入财务管理信息系统，转化为财务管理的具体实践活动。加强财务风险的控制管理，在确保财务流程与制度严格执行的基础上，强化会计法律制度遵循、财务合规审查、资产监督管理、债务风险控制、财务报告质量监管、经营效益提升、税务风险管理、投资风险应对、企业价值实现等重点环节的财务风险监测、预警与控制，并建立重大财务风险的应急预案。

（五）企业业财融合体系建设。优化与业财融合相匹配的企业内部环境，构建业财融合的信息化体系，企业要推行业财融合，就一定要重视信息化建设，树立信息化

意识，依据企业的发展要求，在保证适配性的前提下，建设并完善信息系统。信息系统建设的原则是信息共享，企业可引用ERP等较为完善的信息系统进一步推进业财融合，保证内部管理水平。将信息化建设上升到战略高度，不断拓宽信息化的广度与深度，为保证其适配性要适当改进相关模块的功能，保证其效用能得到充分发挥。同时，构建业财融合的财务报告分析体系。利用报表、数据、模型、管理会计工具，穿透分析揭示企业业务活动中的深层次问题，深度介入单位业务管理，发挥财务管理的决策参与、价值创造、价值实现功能。

（六）财务能力评价和财会队伍体系建设。科学设置财务部门的战略管理、系统管理、制度管理、团队管理、预算管理、会计管理、财务管理、风险管理等八大模块的能力评价指标体系，以全面衡量各所属单位的财务管理能力。合理制定企业系统财务管理能力评价标准，加强财务管理实践的日常跟踪管理，定期组织开展财务管理能力综合评价，并将评价结果纳入年度绩效考核体系，与财务负责人的薪资奖金、职业发展、职务晋升相挂钩，促进财务管理水平的不断提升与改善。实行财务人员统一集中管理制度。企业及其所属单位的财务人员由企业财务部门统一调配、培训与管理。强化财务岗位管理，完善财务权力制衡机制，防范财务舞弊风险。建立并实行财务人员绩效管理制度，配合人力资源管理部门，建立财务人员绩效管理体系，根据财务岗位说明，解析财务管理岗位成功要素，制订财务人员绩效计划，实施财务人员全程绩效辅导、绩效监控，定期开展财务人员绩效考核，广泛应用绩效考核结果，充分调动财务人员的工作主动性和积极性，增强财务团队活力。

资料来源 张俊杰. 建设国有企业一流财务管理体系的探索［J］. 中外企业文化，2023（1）.

第二章

筹资管理

学习目的和要求

熟练掌握筹资的渠道与方式，筹资的种类，资金需要量预测的方法，权益资金的筹集方式和特点，负债资金的筹集方式和特点，个别资本成本和综合资本成本的计算与功能，财务杠杆、经营杠杆的计算，最佳资本结构的确定方法。

重点和难点

重点：筹资的渠道与方式，筹资的种类，资金需要量预测的方法，个别资本成本和综合资本成本的计算，最佳资本结构的确定方法。

难点：放弃现金折扣成本的计算与判断，杠杆与风险的关系，最佳资本结构的确定方法。

预习提示

1. 资金被称为企业的“血液”，是决定企业生存和发展的重要因素，也是目前企业迫切需要解决的问题。一个公司的决策者，通常采用什么样的筹资顺序来满足公司的资金需求？如果选择发行债券筹资、发行股票筹资，需要注意什么问题？

2. 一个公司的全部资本怎样构成才合理？公司的管理者如何确定公司全部资金的构成，其中权益资金或负债资金分别应占总资本的多少？怎样安排权益资金与负债资金的比重才能实现综合资本成本最低、公司价值最大？

通过本章的学习，你将能对上述问题有比较清楚的认识。

习 题

一、单项选择题

1.股份有限公司增减资本必须由（　　）作出决策。

A.总经理　　B.监事会　　C.董事会　　D.股东会

2.非股份制企业筹集权益资金最主要的方式是（　　）。

A.发行股票　　B.发行债券　　C.银行借款　　D.吸收直接投资

3.《公司法》规定，公司用法定盈余公积转增资本时，所留存的法定盈余公积不得少于转增前公司注册资本的（　　）。

A.20%　　B.25%　　C.35%　　D.50%

4.我国法律规定，公司公开发行股票应当委托证券经营机构（　　）。

A.自销　　B.包销　　C.代销　　D.承销

5.某企业周转信贷限额为200万元，承诺费率为0.3%，并且在年度内使用了180万元，那么企业必须向银行支付（　　）元的承诺费。

A.1 500　　B.6 000　　C.5 400　　D.600

6.某企业欲向银行实际借款100万元，年利率为10%，银行要求企业按借款余额的20%保持补偿性余额，则企业必须向银行借入（　　）万元的款项。

A.100　　B.80　　C.125　　D.90

7.我国目前最为常用的利息支付方式为（　　）。

A.收款法　　B.贴现法　　C.加息法　　D.复利计算法

8.某企业将一票面利率为12%、期限为9个月、面值为1 000元的票据向银行办理贴现，贴现月利率为9‰，贴现天数为45天，则企业实际负担的月利率为（　　）。

A.9.944‰　　B.8.36‰　　C.9.12‰　　D.9.1234‰

9.影响发行公司债券价格的最主要因素是（　　）。

A.票面价值　　B.票面利率　　C.债券期限　　D.市场利率

10.某企业按信用条件“2.5/10，N/40”购进一批商品，那么放弃现金折扣的成本为（　　）。

A.30.77%　　B.23.08%　　C.22.5%　　D.36%

11.采取商业信用筹资方式筹入资金的渠道是（　　）。

A.国家财政　　B.银行等金融机构

C.居民　　D.其他企业

12.为了保持财务结构的稳健和提高资产营运效率，在结构上通常应保持合理对应关系的是（　　）。

A.资金来源与资金运用　　B.银行借款和应收账款

C.对内投资与对外投资　　D.长期资金与短期资金

13.相对于发起设立，募集设立的发起人承担的风险较小的是（　　）。

A.设立失败风险　　B.投资失败风险

C.金融市场风险　　D.股价下跌风险

14.（　　）筹资方式资本成本高，而财务风险一般。

A.发行股票　　B.发行债券　　C.长期借款　　D.融资租赁

15.对债券进行信用评级工作，主要是为了保护（　　）的利益。

A.所有者　　B.大股东　　C.中小股东　　D.债权人

16.在长期借款合同的保护性条款中，属于一般性条款的是（　　）。

A.限制资本支出规模　　B.限制租赁固定资产的规模

C.贷款专款专用　　D.限制资产抵押

17.放弃现金折扣成本的大小与（　　）。

A. 折扣百分比的大小呈反方向变化

B. 信用期的长短呈同方向变化

C. 折扣百分比的大小、信用期的长短均呈同方向变化

D. 折扣期的长短呈同方向变化

18.某股份公司发行面值为100元、利率为10%的债券，当时的市场利率为12%，折价发行，价格为88.70元，则该债券的期限为（　　）年。

A.9　　B.10　　C.11　　D.12

19.出租人既出租某项资产，又以该项资产为担保借入资金的方式为（　　）。

A.直接租赁　　B.售后回租　　C.杠杆租赁　　D.经营租赁

20.下列各项中，属于商业信用的是（　　）。

A.商业折扣　　B.应付账款

C.应付职工薪酬　　D.融资租赁信用

21.企业与银行签订的长期借款合同中的例行性保护条款通常不包括（　　）。

A.要求定期向银行提供会计报表　　B.禁止为其他单位或个人提供担保

C.禁止应收账款转让　　D.要求专款专用

22.根据我国债券管理的有关规定，企业发行的债券的利率不得高于银行同期居民定期储蓄存款利率的（　　）。

A.10%　　B.20%　　C.30%　　D.40%

23.股份公司增资发行新股的条件之一是与前一次发行月份的间隔期不少于（　　）个月。

A.6　　B.12　　C.24　　D.36

24.某企业取得银行为期1年的周转信贷资金，金额为100万元，年度内使用了60万元（使用期平均6个月），假设年利率为12%，承诺费率为0.5%，则年终企业支付利息和承诺费共（　　）万元。

A.3.6　　B.4.3　　C.3.7　　D.3.95

25.当市场利率上升时，长期固定利率债券价格的下降幅度（　　）短期债券价格的下降幅度。

A.大于　　B.小于　　C.等于　　D.不确定

26.一般银行贷款金额相当于抵押品面值的（　　）。

A.50%　B.70%　C.100%　D.30%~90%

27.个别资本成本主要用于（　　）。

A.比较各种筹资方式　B.选择追加筹资方案

C.选择最佳资本结构　D.选择分配方案

28.在（　　）时，资本成本较低。

A.证券市场流动性不好　B.货币需大于供，且企业融资规模大

C.通货膨胀水平预期上升　D.经营风险和财务风险较小

29.在个别资本成本的计算中，不必考虑筹资费用的是（　　）。

A.长期借款成本　B.债券资本成本

C.留存收益成本　D.普通股成本

30.（　　）是企业进行资本结构决策的基本依据。

A.个别资本成本　B.边际资本成本

C.综合资本成本　D.筹资费用

31.某企业EBIT为3 000万元，本期实现的利息费用为1 000万元，则该企业的财务杠杆系数为（　　）。

A.3　B.2　C.0.33　D.1.5

32.某企业现有资本800万元，负债200万元，负债利息为20万元，当年实现的EBIT为200万元，则其税前的资本利润率为（　　）。

A.15%　B.22.5%　C.16%　D.13.5%

33.调整企业资本结构并不能（　　）。

A.降低资金成本　B.降低财务风险

C.降低经营风险　D.增加融资弹性

34.普通股市价为10.50元，筹资费用为每股0.50元，第1年支付股利1.50元，股利增长率为5%，则该普通股成本最接近于（　　）。

A.10.5%　B.15%　C.19%　D.20%

35.要使资本结构达到最佳，应使（　　）达到最低。

A.综合资本成本　B.边际资本成本

C.债务资本成本　D.自有资本成本

36.以下关于资本结构的表述中，正确的是（　　）。

A.资本结构是指企业各种短期资金来源的数量比例

B.资本结构在企业建成后一成不变

C.保持合理的资本结构是企业财务管理的目标之一

D.资本结构与资本成本的关系，是各种资本构成及其比例的关系

37.某公司某年已获利息倍数为25，负债成本为10万元，固定成本为200万元，则该公司的经营杠杆系数为（　　）。

A.1.5　B.12.5　C.1.8　D.0.8

38.融资决策中的总杠杆不具有的性质是（　　）。

A.总杠杆能够起到财务杠杆和经营杠杆的综合性作用

B. 总杠杆能够表达企业边际贡献与税前盈余的比率

C. 总杠杆能够估计销售额变动对每股收益的影响

D. 总杠杆系数越大，企业经营风险就越大

39. 下列项目中，同优先股成本成反比关系的是（　　）。

A. 优先股年股利　　B. 发行优先股总额

C. 所得税税率　　D. 优先股筹资费用率

40. 债券成本一般低于普通股成本，这主要是因为（　　）。

A. 债券发行量小　　B. 债券筹资费用少

C. 债券利息固定　　D. 债券利息在税前扣除，具有抵税效应

二、多项选择题

1. 影响长期借款利率的主要因素是（　　）。

A. 借款期限　　B. 信用状况

C. 抵押资产流动性　　D. 借款的收益性

2. 融资租赁的租金包括（　　）。

A. 购置成本　　B. 预计残值　　C. 租息　　D. 利润

3. 普通股与优先股的共同特征主要有（　　）。

A. 同属于公司股东　　B. 需支付固定股息

C. 股息从税后利润中支付　　D. 可参与公司重大决策

4. 下列各项中，能够被视作"自然融资"的项目有（　　）。

A. 短期借款　　B. 应交税费　　C. 应付水电费　　D. 应付职工薪酬

5. 权益资本的筹资方式有（　　）。

A. 发行债券　　B. 发行股票

C. 吸收直接投资　　D. 留存利润

6. 权益资金与负债资金的结构不合理会导致（　　）。

A. 财务风险增加　　B. 筹资成本增加

C. 财务杠杆发生不利作用　　D. 经营效率下降

7. 企业能够作为信用担保的抵押资产，必须是（　　）。

A. 实际所有的资产　　B. 经营租入的固定资产

C. 具有相应变现能力的资产　　D. 能提供收入的资产

8. 从筹资成本与筹资风险对称的要求出发，弥补临时性现金短缺所采用的筹资方式是（　　）。

A. 短期负债　　B. 长期负债

C. 出售短期有价证券　　D. 出售长期有价证券

9. 关于长期借款利率的选择，下列说法中正确的是（　　）。

A. 预计利率上升时，选择固定利率有利于降低借款成本

B. 预计利率上升时，选择浮动利率有利于降低借款成本

C. 预计利率下降时，选择固定利率有利于降低借款成本

D. 预计利率下降时，选择浮动利率有利于降低借款成本

10.在确定股票的发行价格时，公司应考虑（　　）。
A.证券市场的供求状况　　B.市盈率
C.每股净值　　D.股价水平
E.公司在同行业中的地位
11.长期借款筹资的优点是（　　）。
A.债务成本相对较低　　B.借款弹性较大
C.筹资风险小　　D.筹资迅速
E.能无限满足长期资金所需
12.下列属于普通股筹资优点的有（　　）。
A.没有固定的股利负担，筹资风险较小
B.发行普通股可为债权人提供保障，增强公司的举债能力
C.普通股股利从税后利润中支付，不能在税前列支
D.股市受通货膨胀影响不大，易吸收资金
13.下列体现债权债务关系的筹资方式有（　　）。
A.联营企业　　B.商业信用　　C.发行股票
D.税后留利　　E.融资租赁
14.下列筹资方式中，资本成本高而财务风险很低的是（　　）。
A.吸收投资　　B.发行股票　　C.发行债券
D.长期借款　　E.融资租赁
15.银行短期借款的利息计算方法有（　　）。
A.单利　　B.贴现利率　　C.复利
D.附加利率　　E.现值法
16.从筹资角度看，商业信用的具体形式有（　　）。
A.应付账款　　B.应收账款　　C.应付票据
D.预收货款　　E.预收定金
17.股票上市的好处是（　　）。
A.信息报道成本高　　B.提高知名度　　C.资本分散化
D.便于筹措资金　　E.便于确定公司的价值
18.普通股股东具有的权利包括（　　）。
A.股份转让权
B.优先认购权
C.优先分配剩余财产权
D.对公司账目和股东大会决议的审查权和对公司事务的质询权
E.缴纳股款
19.普通股资本成本高于债券资本成本，是因为（　　）。
A.投资人承担的风险较大，要求的投资报酬率较高
B.普通股股利从净利中支付，不具有抵税作用
C.普通股发行费用一般高于债券

D. 普通股股东得到股利是在债权人受偿之后

E. 普通股股东在债权人之后分配剩余财产

20. 下列属于增量调整资本结构的有（ ）。

A. 追加权益资金，负债不变 B. 公积金转增股本

C. 权益资金不变，负债增加 D. 权益资金与负债一增一减

21. 企业资本结构最佳，则（ ）。

A. 资本成本最低 B.财务风险最小 C.DOL最小

D.债务资本最多 E.企业价值最大

22. 如果企业调整资本结构，则企业的资产和权益总额（ ）。

A. 可能同时增加 B. 可能同时减少

C. 可能保持不变 D. 一定会发生变动

23. 利用每股盈余无差别点进行企业资本结构分析时，（ ）。

A. 当预计销售额高于每股盈余无差别点时，采用权益筹资方式比负债筹资方式有利

B. 当预计销售额高于每股盈余无差别点时，采用负债筹资方式比权益筹资方式有利

C. 当预计销售额低于每股盈余无差别点时，采用负债筹资方式比权益筹资方式有利

D. 当预计销售额低于每股盈余无差别点时，采用权益筹资方式比负债筹资方式有利

E. 当预计销售额等于每股盈余无差别点时，权益筹资与负债筹资两种筹资方式的报酬率相同

24. 在相关范围内产生经营杠杆利益的条件是（ ）。

A. 增加营业量

B. 固定成本不变

C. 市价下降速度低于单位固定成本下降而带来的收益的上升速度

D. 增加的营业量能在市场上实现其价值

E. 没有固定成本

25. 下列说法中，正确的有（ ）。

A. 在固定成本不变时，DOL表明销售额增减所引起的利润增减程度

B. 当销售额达到保本点时，DOL趋近于∞

C. 财务杠杆表明债务对投资者收益的影响

D. 财务杠杆系数表明EBIT增长所引起的EPS的增长幅度

E. 经营杠杆系数较高的公司不宜在较低的程度上使用财务杠杆

26. 下列关于资金筹集费用的表述中，正确的有（ ）。

A. 是所筹资金在使用过程中发生的 B. 在筹资时一次性发生的

C. 支付给中介机构 D. 支付给资金所有者

E. 作为筹资总额的扣除项

27. 下列关于资金成本的表述中，正确的有（ ）。

A. 是企业的投资者对投入企业的资本所要求的收益率

B. 是投资项目的机会成本

C. 是选择筹资方案的依据

D.是评价投资项目、决定投资取舍的重要标准

E.可用作衡量企业经营成果的尺度

28.决定资本成本高低的因素包括（　　）。

A.总体经济环境　　B.证券市场条件

C.内部经营和融资状况　　D.项目融资规模

E.企业的成本核算方法

29.企业债务成本过高时，可采用以下（　　）的方式调整资本结构。

A.税后留存归还债务　　B.将可转换债券换为普通股

C.资本公积转增股本　　D.提前还债，筹集相应的权益资金

30.下列项目中，属于资金成本中的筹资费用的有（　　）。

A.借款手续费　　B.债券发行费　　C.债券利息　　D.股利

三、判断题

1. 企业长短期资金有时可以相互融通。（　　）

2. 筹资成本与筹资风险是相对应的，筹资成本相对较低，则企业筹资风险较高；反之，筹资成本相对较高，则企业筹资风险较低。（　　）

3. 市盈率越高、风险越大、收益率越高的股票越好。（　　）

4. 企业如果有足够的现金，那么它一定会享受现金折扣获得免费信用。（　　）

5. 公司发行债券所筹资金一旦为发行企业所掌控，其使用是没有限制的。（　　）

6. 市场对企业产品的需求不论大小，只要是稳定的，经营风险就不大。（　　）

7. 在固定成本不变时，销售额越大，经营风险越小。（　　）

8. 当EPS大于其无差别点时，企业增加负债筹资比增加权益资本筹资更有利。（　　）

9. 最佳资本结构是使企业筹资能力最强、财务风险最小的资本结构。（　　）

10. 直接融资是指直接从金融机构借入资金的活动。（　　）

11. 长期负债的偿还风险比流动负债要大。（　　）

12. 租赁作为一种筹资方式，必然影响资本结构。（　　）

13. 普通股筹资风险小，投资风险大。（　　）

14. 利用商业信用筹资时，如果想享受现金折扣，应该选择放弃现金折扣成本高的方案；如果不想享受现金折扣，应该选择放弃现金折扣成本低的方案。（　　）

15. 抵押借款的成本一般比非抵押借款的成本低，因为有双重保证。（　　）

16. 银行贷款的优惠利率即为贷款利率的最低限。（　　）

17. 对于发行公司来讲，采用自销方式发行股票具有及时筹足资本、免于承担发行风险等特点。（　　）

18. 发行普通股，没有股东的利息负担，其资金成本较低。（　　）

19. 利用商业信用筹资与银行借款不同，前者不需要负担资金成本，后者肯定有利息负担。（　　）

20. 企业综合资金成本最低时的资本结构与企业价值最大时的资本结构不一致。（　　）

21. 经营风险是企业投资决策的结果，表现在资产收益率的变动上；财务风险是企业筹资决策的结果，表现在普通股收益率的变动上。（　　）

22. 如果企业将留存收益用于再投资所获得的收益率低于股东自己进行另一项风险相似的投资所获得的收益率，企业就应该保留留存收益而不派发给股东。（　　）

23. 经营杠杆程度较高的公司可以在较低的程度上使用财务杠杆。（　　）

24. 每股收益的高低，不仅受资本结构的影响，而且受销售水平的影响，因而判断资本结构是否合理，一般的方法是分析每股收益的变化。（　　）

25. 公司的最佳资本结构应当是使公司的总价值最高，而不是使每股收益最大的资本结构。（　　）

26. 在计算综合资金成本时，也可按照债券、股票的市价确定其占全部资金的比重。（　　）

27. 若债券利率、筹资费率和所得税税率已确定，则企业平价发行债券的债务成本率与发行债券的数额无关。（　　）

28. 在各种资金来源中，凡是须支付固定性资金成本的资金都能产生财务杠杆作用。（　　）

29. 在筹资额和股息相同时，企业举债和发行优先股产生的财务杠杆作用是相同的。（　　）

30. 除非固定成本是零或业务量无穷大，否则，息税前利润的变动率总是大于边际贡献的变动率，而边际贡献的变动率与产销量变动率相等，因此，息税前利润变动率大于产销量变动率。（　　）

四、计算分析题

1. 某企业按“2/10，N/30”的信用条件购买一批商品，价值为100 000元。

问题：

（1）如果该企业在10天内付款，则免费信用额为多少？

（2）如果放弃现金折扣，在30天内付款，则该企业将承受多大的资金成本？

（3）如果企业延至50天付款，则资金成本下降为多少？

2. 某国有企业拟在明年年初改制为独家发起的股份有限公司。现有净资产经评估价值为6 000万元，全部投入新公司，折股比率为1。要达到其计划经营规模，需要总资产3亿元，合理的资产负债率为30%，预计明年税后利润为4 500万元。

问题：

（1）通过发行股票应筹集多少股权资金？

（2）若每股按5元发行，至少要发行多少社会公众股？

（3）不考虑资本结构要求，按公司法的规定，至少要发行多少社会公众股？

3. 某公司拟采购一批零件，供应商报价如下：立即付款，价格为9 630元；30天内付款，价格为9 750元；31～60天内付款，价格为9 870元；61～90天内付款，价格为10 000元。假设银行短期贷款利率为15%，每年按360天计算。

要求：计算放弃现金折扣的资金成本，并确定对该公司最有利的付款日期和价格。

4.某企业的年初资本结构见表2-1。

表2-1　　年初资本结构　　单位：万元

各种资本来源	金　额
长期债券，年利率10%	600
优先股，年股息率8%	200
普通股，40 000股	800
合　计	1 600

普通股每股面额为200元，今年期望的股息为20元，预计以后每年股息增加5%，该企业所得税税率为25%，假设发行各种证券均无筹资费用。该企业现拟增资400万元，有甲、乙两种筹资方案：甲方案，发行长期债券400万元，年利率10%，普通股每股股息增加到25元，以后每年还可增加6%，但是，由于增加了风险，普通股市价将跌到每股160元；乙方案，发行长期债券200万元，年利率10%，另发行普通股200万元，普通股每股股息增加到25元，以后每年增加5%，由于企业信誉提升，普通股市价将上升到每股250元。

要求：根据以上条件，选择筹资方案。

5.某公司平价发行票面利率为12%的债券，发行费率为3%，所得税税率为25%。

要求：计算其债券的资本成本。

6.某公司于2023年1月1日发行5年期、面值为100元、票面利率为10%、一次性还本的公司债券，每年12月31日支付一次利息。债券发行时市场利率为8%，所得税税率为25%，筹资费用率为4%。

要求：计算此债券的发行价格和资本成本。

五、综合题

1.某企业经论证拟于计划年度扩大A产品的生产能力，经测算，需要投入资本3 000万元，现有3种筹资方案可以选择，具体内容见表2-2。

表2-2　　筹资方案具体内容　　单位：万元

筹资结构	甲方案	乙方案	丙方案
内部集资（资本成本20%）	1 500	1 000	1 000
发行债券（资本成本15%）	1 000	500	1 000
银行借款（资本成本12%）	500	1 500	1 000
合　计	3 000	3 000	3 000

要求：利用综合资本成本指标，选择最优筹资方案。

2.某企业目前拥有资本1 000万元，其资本结构为：债券资本20%（年利息为20万元）；普通股权益资本80%（发行普通股10万股，每股面值80元）。现准备追加筹资400万元，有两种筹资方案：方案一，全部发行普通股，增发5万股，每股面值80元；方案二，全部筹措长期债务，利率为10%，利息为40万元。企业追加筹资后，

EBIT预计为160万元，所得税税率为25%。

要求：计算每股利润无差别点及此时的每股利润，并简要说明如何选择筹资方案。

补充阅读资料

融资决策与资本结构的调整

一、融资决策与资本结构

企业的融资决策是指企业为了实现经营管理、资本扩张、业务拓展等各项经营目标，对企业所需的货币资金量进行预测，并充分分析各种融资方式和渠道的效率、成本、风险，最终确定合适的融资组合和融资结构的一个过程。融资决策是企业的一项战略决策。合理的融资决策应当要尽可能保证资本成本和财务风险的合理性，坚持适用原则、安全原则和效益原则。融资决策是资本结构形成的一个过程，企业在不同的经营时期，通过优化融资决策能够起到调整资本结构的作用。企业经营管理者在作出融资决策的过程中，需要根据自身的经营特征、经营业绩和财务状况选择合适并且具有较强可行性的融资方式，以保证融资活动的成功开展，使得企业能够成功筹集所需要的资金。融资决策的关键是要力求能够选择到可以建立起最优资本结构的融资方案，融资决策与资本结构之间具有相互影响、相互作用的内在联系。

二、资本结构的调整方式

（一）存量调整。存量调整是指在企业不改变自身现有资产规模的基础上，来进行结构性调整，即只调整现有资本结构中各资本项目之间的价值构成和比例关系，不改变企业资产的规模总量。根据企业资本结构优化的目标来对结构进行必要的调整，主要通过资本项目转化方式来实现存量调整，包括债转股、股转债、长短期债务的转换等。例如，为了降低企业的短期偿债压力，与金融机构协定，通过后期补偿或者是适当提高长期利率的方式来将短期债务转为长期债务，改变企业资本结构中长期债务和短期债务的比例。

（二）增量调整。增量调整是指通过增加企业资本总量的方式来改变原有的资本结构，通过融资来吸纳更多资金，从而实现资本总量的增加，在占比需要提高的资金项目中追加资金，达到调整结构的目标。主要的增量调整策略包括发行新股、发行债券、增加信用贷款、吸收更多直接投资额等方式。例如，企业的股权融资占比较低时，企业可以通过发行股票的方式来增加股本数量，吸引更多股权融资，提高企业的股权规模，改变股权融资和债券融资的比例关系。

（三）减量调整。减量调整是通过减少企业资本总额的手段和方式来实现优化企业资本结构的目标。主要的减量调整策略包括提前偿还贷款、提前收回债券、股份回购等。例如，当企业留存资金过多，并且企业资产负债率较高时，可以提前偿还一部分偿还时间较近或者是利息较高的贷款，减少债务融资的相对占比和负债总额。

三、优化企业资本结构的途径

（一）根据企业实际盈利能力确定资本结构。企业应当要根据自身实际的盈利能力来确定资本结构，同时还需要结合经营风险和财务风险，作出科学合理的融资决策，选择合适的融资方式，从而使得企业的融资结构成为服务于企业经营发展的重要经营基础，有效地提高企业的盈利状况和经营绩效，加速推动企业价值最大化目标的实现。企业要收集各项业务数据和财务数据对企业的盈利能力、净利润增长率、净现金流量等指标进行比较分析，找出影响企业盈利状况和资金使用的因素，并以此为参考，指导企业调整融资结构。例如，当偿债能力较强、剩余货币资金较多时，企业可以考虑适当增加债务融资，提升资本结构中的负债占比；而当盈利能力相对较弱时，则需要保证资金安全，适当降低财务杠杆，减少债务融资，考虑股权融资等融资方式，降低资本结构中的负债占比，保障企业的财务安全。因此，企业应当在不同的盈利水平下有针对性地调整负债与所有者权益在资本结构中的比重，保持合理的资本结构。

（二）多角度优化企业的资本结构。企业应科学测算和判断自身资本结构的质量和运行效率，结合影响企业经营发展的多个要素选择资金来源渠道，从资金来源这一根源来优化资本结构。除了要注重各项财务数据外，还要综合考虑企业的规模、资产流动性、资产质量等。例如，对于大企业而言，由于其资产规模、业务规模和内部管理规模庞大，具有较高的市场份额和知名度，因此往往更容易获得融资机会，融资约束较弱，能够获得更多债务融资。而对于中小企业而言，融资方式更加单一，并且债务融资难度较高。因此，企业需要根据自身的规模大小和实力来选择融资方式，不能盲目挑战不适合自身的融资方式，保障融资安全和融资效率。另外，企业还要注重资产报酬率及资产的流动性、协调性、收益性，在调整资本结构时要保证资金的流动性，留足充分的现金资源，提升企业资本结构的协调性和灵活性。

（三）合理调整和改善企业的股权结构。企业应当合理地调整和改善自身的股权结构，特别是规模较大的企业，持续保持一股独大的局面，会增大企业的经营风险和资本结构的结构性风险。在市场竞争机制还相对不够完善的背景下，企业长期持续经营的最好方式不是过度集权、一股独大，而是保持相互制衡和合理的股权结构，大股东、中等股东和小股东的数量、所持股数之间保持合理的比例，以实现股东间的相互制衡，提高企业经营运行的合理性和科学性，减少融资决策失误和企业的治理风险。股权过度集中在一个股东的企业，应当要适当地分散大股东的股权，对于股权过于分散的企业，则需要适当地集中股权，以提高企业经营管理的效率。

（四）提升企业资本结构的弹性。企业资本结构包含三大要素，分别是成本要素、风险要素和弹性要素。企业经营管理者对融资成本和风险的认识较为深刻和全面，管控力度较大，但是对弹性要素则缺乏认识，较少根据企业经营发展状况的实时变化对资本结构进行及时的调整。企业应当根据财务管理目标的实现进度不断优化资本结构，在不同的经营发展阶段选择不同的融资方式和渠道，有效降低融资成本，提高融资效率。例如，中小企业可以根据“融资定律”合理地安排融资，融资顺序是留存收益→债务融资→股权融资，当前一级融资无法得到满足时转向下一级融资。企业最初应当选择内源融资的方式，在发展初期，经营能力和偿债能力较弱时，应用留存收益来维持经营、拓展业务。当企业发展到一定程度后，盈利能力上升，经营状况优化，可以适当应用财务杠杆，选择债务融资，向商业银行申请信用贷款。在发展后期，企业规模变大，可以考虑上市，选择股权融资的方式。根据这一脉络顺序来有序地优化企业资本结构，保持企业资本结构的良性循环，使得资本结构保持一定的弹性。

资料来源 敖惠敏. 企业资本结构优化与融资决策［N］. 全国流通经济，2023（12）.

第三章

营运资金管理

学习目的和要求

熟悉营运资金管理的基本内容；理解和掌握公司持有现金的目的、最佳现金持有量的确定方法和现金日常收支管理；掌握应收账款信用成本的确定、公司信用政策的确定和应收账款的日常管理；掌握存货成本的内容以及存货经济批量的基本模式和扩展模式；了解ABC管理法。

重点和难点

重点：营运资金的特点及营运资金管理的内容；现金管理的目标、现金持有的动机与成本，以及最佳现金持有量的计算；应收账款的功能与成本、信用政策的决策；存货的功能与成本，以及存货经济批量的计算。

难点：最佳现金持有量的计算、信用政策的决策和存货经济批量的计算。

预习提示

1. 如果你是某公司的CFO，你认为应该如何加强对公司现金的管理和控制？如何建立健全现金内部控制，以确保经营管理活动合法而有效？公司应怎样控制现金支出？

2. 信用标准变化与销售额、坏账损失、应收账款的机会成本以及利润之间存在一定的内在联系，实践中信用标准变化还会影响公司哪些重要指标？

3. 存货的相关成本有哪些？如何量化存货的短缺成本？

4. 如果你是一家大型超市卖场的负责人，那么你如何进行存货的ABC管理？

通过本章的学习，你将能对上述问题有比较清楚的认识。

习　题

一、单项选择题

1.在下列各种持有现金的动机中，为了应付意外的现金需求而持有的是（　　）。

A.交易动机　　B.预防动机　　C.投机动机　　D.长期投资动机

2.在下列现金持有方案中，（　　）方案为最佳。

A. 机会成本2 000元，管理成本1 000元，短缺成本6 000元

B. 机会成本7 000元，管理成本3 000元，短缺成本7 750元

C. 机会成本10 000元，管理成本3 000元，短缺成本3 800元

D. 机会成本1 000元，管理成本3 000元，短缺成本1 500元

3.下列措施中，不属于提高现金使用效率措施的是（　　）。

A.加速收款　　B.使用现金浮游量

C.推迟付款　　D.合理确定最佳现金持有量

4.企业现金管理的目的，就是在资产的（　　）之间作出抉择，以获取最大的长期利润。

A.流动性和投资性　　B.流动性和预防性

C.流动性和盈利性　　D.交易性和盈利性

5.假定某企业每月现金需要量为160 000元，现金和有价证券的转换成本为每次30元，有价证券的月利率为0.6%，则该企业的最佳现金余额为（　　）元。

A.80 000　　B.40 000　　C.20 000　　D.160 000

6.企业由于现金持有量不足，造成信用危机而带来的损失，属于现金的（　　）。

A.机会成本　　B.短缺成本　　C.资金成本　　D.管理成本

7.某企业每月现金需要量为250 000元，现金与有价证券的每次转换金额和转换成本分别为50 000元和40元，其每月现金的转换成本为（　　）元。

A.200　　B.1 250　　C.40　　D.5 000

8.在成本分析模式下不用考虑（　　）。

A.机会成本　　B.管理成本　　C.短缺成本　　D.转换成本

9.用ABC法控制存货时，对A类存货应（　　）。

A.重点管理　　B.次重点管理　　C.一般管理　　D.无需管理

10.在对存货采用ABC法进行控制时，应重点控制的是（　　）。

A.价格昂贵的存货　　B.数量大的存货

C.占用资金多的存货　　D.品种多的存货

11.在存货ABC分类控制法中，对存货的最基本的分类标准为（　　）。

A.金额标准　　B.品种数量标准　　C.重量标准　　D.金额与数量标准

12.经济批量法适用于（　　）。

A.存货资金量控制　　B.采购资金控制

C.应收账款控制　　D.生产资金控制

13. 在允许缺货的情况下，经济进货批量是（　　）的进货批量。

A. 进货费用与储存成本之和最小

B. 进货费用等于储存成本

C. 进货费用、储存成本与短缺成本之和最小

D. 进货费用等于储存成本与短缺成本之和

14. 在基本模型下确定经济批量时，通常应考虑的成本是（　　）。

A. 订货成本　　B. 储存成本

C. 缺货成本　　D. 订货成本和储存成本

15. A公司全年需用C产品2 400吨，每次订货成本为400元，每吨产品年储备成本为12元，则每年的最佳订货次数为（　　）次。

A. 14　　B. 5　　C. 3　　D. 6

16. 应收账款管理中，调查顾客信用情况的费用属于（　　）。

A. 管理成本　　B. 机会成本　　C. 坏账成本　　D. 固定成本

17. 在赊销业务中，企业允许顾客从购货到付款的最长间隔时间叫作（　　）。

A. 信用条件　　B. 折扣期限　　C. 付款时间　　D. 信用期限

18. 在账单中，“2/10，N/30”是（　　）。

A. 信用标准　　B. 信用条件　　C. 收账政策　　D. 信用准则

19. 某企业规定的信用条件是“3/10，1/20，N/30”，客户从该企业购入原价为10 000元的原材料，并于第18天付款，则该客户实际支付的货款为（　　）元。

A. 7 700　　B. 9 900　　C. 1 000　　D. 9 000

20. 信用条件为“2/20，N/45”时，预计有60%的客户选择现金折扣优惠，则平均收账期为（　　）天。

A. 20　　B. 45　　C. 32　　D. 30

21. 设立集中银行是为了（　　）。

A. 加速收款　　B. 延缓付款　　C. 加速采购　　D. 延缓收款

22. 坏账损失是（　　）。

A. 管理成本　　B. 机会成本　　C. 坏账成本　　D. 固定成本

23. 对应收账款信用期限的叙述，正确的是（　　）。

A. 信用期限越长，企业坏账风险越小

B. 信用期限越长，表明客户享受的信用条件越优越

C. 延长信用期限，不利于销售收入的扩大

D. 信用期限越长，应收账款的机会成本越低

24. 在其他因素不变的情况下，企业采用积极的收账政策，可能导致的后果是（　　）。

A. 坏账损失增加　　B. 应收账款投资增加

C. 收账费用增加　　D. 平均收账期延长

25. 某企业预测的年度赊销收入净额为3 600万元，应收账款收账期为30天，变动成本率为60%，资金成本率为10%，则应收账款的机会成本为（　　）万元。

A.10　　B.6　　C.18　　D.20

26.由信用期限、折扣期限及现金折扣等三要素构成的付款要求是（　　）。

A.信用标准　　B.信用条件　　C.资信程度　　D.收账方针

27.（　　）是决定是否给予客户信用的首要因素。

A.资本　　B.抵押品　　C.信用品质　　D.偿付能力

28.企业在进行应收账款管理时，除了要合理确定信用标准和信用条件外，还要合理确定（　　）。

A.现金折扣期限　　B.现金折扣率

C.信用期限　　D.收账政策

29.下列关于现金折扣的表述中，正确的是（　　）。

A.又叫商业折扣

B.折扣率越低，企业付出的代价越高

C.目的是加快账款的回收

D.为了增加利润，应当取消现金折扣

30.某企业每年耗用甲材料8 640千克，甲材料的单位采购成本为10元，每千克甲材料的年储存成本为3元，平均每次进货费用为1 000元，则该企业的经济进货批量为（　　）千克。

A.2 160　　B.2 400　　C.2 600　　D.2 800

二、多项选择题

1.营运资金包括（　　）。

A.流动资产　　B.流动负债　　C.递延资产　　D.长期负债

2.企业持有现金的动机有（　　）。

A.交易　　B.投机　　C.预防　　D.储备

3.通常情况下，企业持有现金的机会成本（　　）。

A.与现金余额成正比　　B.等于投资于有价证券的收益

C.与持有时间成反比　　D.是决策的无关成本

4.为了提高现金使用效率，企业应当（　　）。

A.力争现金流入与流出同步　　B.加速收款，推迟应付款的支付

C.使用现金浮游量　　D.尽量使用汇票付款

5.采用成本分析模式确定最佳现金持有量时，现金的持有成本包括（　　）。

A.流动成本　　B.营运成本　　C.短缺成本

D.管理成本　　E.机会成本

6.存货的进货成本通常包括（　　）。

A.订货成本　　B.储存成本　　C.购置成本　　D.缺货成本

7."5C"系统是评估顾客信用状况的5个方面，即品质、能力、资本、抵押品和经济状况，下列说法正确的有（　　）。

A.能力是指顾客的财务实力和财务状况，表明顾客可能偿还债务的背景

B.抵押是指顾客拒付款项或无力支付款项时能用作抵押的资产

C. 经济状况是指可能影响顾客付款能力的经济环境
D. 资本是指顾客的信誉，即履行偿债义务的可能性
E. 品质是指顾客的信誉，即履行偿债义务的可能性

8. 下列关于信用期限的表述中，不正确的有（　　）。
A. 信用期限越长，企业坏账风险越小
B. 延长信用期限，有利于销售收入的增加
C. 延长信用期限，不利于销售收入的增加
D. 信用期限越长，应收账款的机会成本越低

9. 在存货经济进货批量基本模型中，导致经济订货量增加的因素有（　　）。
A. 存货年需求量增加　　B. 每次订货的变动成本增加
C. 存货变动储存成本增加　　D. 缺货的可能性增加

10. 下列说法中，正确的有（　　）。
A. 订货的变动成本与订货量有关，而与订货次数无关
B. 储存的变动成本与存货的数量有关，如存货资金的应计利息
C. 采购人员的差旅费属于固定订货成本
D. 订货成本加上购置成本等于存货的进货成本

11. 缺货成本包括（　　）。
A. 材料供应中断造成的停工损失　　B. 产成品库存短缺造成的拖延发货损失
C. 产品供应中断导致的信誉损失　　D. 紧急外购成本

12. 存货管理的经济进货批量基本模型建立于（　　）假设条件之上。
A. 企业能及时补充所需存货　　B. 存货单价不考虑销售折扣
C. 每批订货之间相互独立　　D. 年需求量稳定，并且能预测
E. 存货的单位储存变动成本不变

13. 应收账款的管理成本包括（　　）。
A. 资信调查费用
B. 收账费用
C. 应收账款无法收回带来的损失
D. 资金投放在应收账款上而丧失的其他收入

14. 信用政策包括（　　）。
A. 信用标准　　B. 信用条件　　C. 收账政策　　D. 信用合同

15. 信用评估法有（　　）。
A. 5C评分法　　B. 信用评分法
C. 最佳现金余额法　　D. ABC法

三、判断题

1. 现金是企业中流动性最强的资产，其首要的特点是普遍的可接受性。（　　）
2. 在市场正常的情况下，一般来说，流动性强的资产，其收益性较强。（　　）
3. 为了满足交易性需要、预防性需要和投机性需要，企业应该尽可能多地置存现金。（　　）

4. 在一定范围内，现金持有成本中的管理费用与现金持有量的多少无关。（　　）

5. 企业现金管理的目的就是要在资产的流动性和盈利性之间作出抉择，以获取最大的利润。（　　）

6. 现金最佳持有量就是能使企业现金的机会成本、管理成本和短缺成本之和最小的现金持有量。（　　）

7. 延长信用期限，会减少企业的销售额；缩短信用期限，会增加企业的费用。因此需认真研究确定适当的信用期限。（　　）

8. 一般来说，企业收账的支出越大，收账措施越有力，可收回的账款越多，坏账损失也就越小，所以企业应不惜一切代价催收欠款。（　　）

9. 存货周转率越高，说明对存货的控制越佳。（　　）

10. 缺货成本基本上属于一种机会成本。（　　）

11. 确定经济批量的存货模型同样适用于最佳现金持有量的确定。（　　）

12. 能够使企业的取得成本、储存成本和缺货成本之和最低的进货批量，便是经济进货批量。（　　）

13. 年订货成本等于储存成本时的进货批量即为经济进货批量。（　　）

14. 假定现金每次的交易成本是固定的，在企业一定时期内的现金使用量确定的前提下，现金的交易成本与现金的平时持有量成反比。（　　）

15. 一般而言，企业存货需要量与企业生产及销售规模成正比，与存货周转一次所需天数成反比。（　　）

四、计算分析题

1. 大宇股份公司现有A、B、C三种现金持有方案，具体内容见表3-1。

表3-1　**大宇股份公司现金持有方案**

方　案	A	B	C
现金持有量（万元）	100	200	400
机会成本率（%）	10	10	10
短缺成本（万元）	56	25	0

要求：选择最佳现金持有方案。

2. 某公司现金收支平衡，预计全年（以360天计）现金需要量为25万元，现金与有价证券的转换成本为每次500元，有价证券年利率为10%。

要求：

（1）计算最佳现金持有量。

（2）计算最佳现金管理总成本、转换成本、持有机会成本。

（3）计算有价证券交易次数。

（4）计算有价证券交易间隔期。

3. 某公司预计全年需用现金2 000万元，预计存货周转期为90天，应收账款和应付账款周转期均为60天。

要求：计算该公司的最佳现金持有量。

4.某公司每年耗用钢材4 500吨，该钢材的计划单价为2 000元，每次订货成本为1 500元，每吨钢材的平均储存成本为每年150元。

要求：

（1）计算经济进货批量。

（2）计算每年最佳订货次数、订货周期。

（3）计算最佳存货总成本。

5.某公司的年赊销收入为720万元，平均收账期为60天，坏账损失率为赊销额的10%，年收账费用为5万元。该公司认为通过增加收账人员等措施，可以使平均收账期降为50天，坏账损失率降为赊销额的7%。假设公司的资金成本率为6%，变动成本率为50%。

要求：计算为使上述变更在经济上合理，新增收账费用的上限（每年按360天计算）。

6.某企业生产销售M产品，该产品单位售价为5元，单位变动成本为4元，固定成本为5 000元，预计信用期为30天，年销售量可达10 000件，可能发生的收账费用为3 000元，可能发生的坏账损失率为1%；若信用期为60天，年销售量可增加2 000件，但可能发生的收账费用为4 000元，增加销售部分的坏账损失率为1.5%。假定资金成本率为10%。

要求：根据上述情况，确定对该企业有利的信用期限。

五、综合题

某企业以往销售采用现金方式，每年销售120 000件产品，单价为15元，变动成本率为60%，固定成本为100 000元。企业尚有40%的剩余生产能力，现准备通过给某特殊客户一定的信用政策，以期达到扩大销售之目的。经过测试可知：如果信用期限为1个月，该客户愿意购买30 000件，预计坏账损失率为2.5%，收账费用为20 000元，预计应收账款周转天数为40天；如果信用期限为2个月，该客户愿意购买40 000件，预计坏账损失率为4%，收账费用为28 000元，预计应收账款周转天数为65天。假定该特殊客户的购买不会影响企业原有销售规模，资金成本率为10%。

要求：

（1）作出该企业应该采用何种信用期限的决策。

（2）如果该企业采用的信用期限为1个月，但为了加速应收账款的回收，决定使用现金折扣的办法，条件为“2/10，1/20，N/30”，估计该客户货款的60%会在第10天支付，30%会在第20天支付，其余货款的坏账损失率估计为2%，其余货款如不考虑坏账的话，估计平均收账期为40天，收账费用下降到15 000元。试作出该企业是否采用现金折扣的决策。

补充阅读资料

资料一

如何管理应收账款？

面对日益激烈的市场竞争，安全、有效地管理应收账款是企业在发展过程中必须具备的条件。在日常销售过程中可从以下方面管理应收账款：

一、在销售合同中明确各项条款

在与经销商签订销售合同时，要注意以下事项，以避免日后处理应收账款时与经销商产生分歧从而带来经营风险：

（1）明确各项交易条件，如价格、付款方式、付款日期、运输情况等；

（2）明确双方的权利和违约责任；

（3）确定合同期限，合同结束后视情况再行签订；

（4）加盖经销商的合同专用章（避免个体行为的私章或签字）。

二、定期的财务对账

财务要形成定期的对账制度，每隔3个月或半年就必须同经销商核对一次账目。以下几种情况容易造成单据、金额等方面的误差，厂家要尤为重视：

（1）产品结构为多品种、多规格；

（2）产品的回款期限不同，或因经营条件的不同而使同种产品回款期限不同；

（3）产品出现平调、退货、换货时；

（4）经销商不能够按单（销售单据或发票）回款；

（5）要主动拒绝用货款垫支其他款项（客户返利、破损产品货款、广告款、终端销售推广费用等）。

以上情况会给应收账款的管理带来困难，因此要制定一套规范的定期对账制度，避免双方财务上的差距像滚雪球一样越滚越大，而造成呆、死账，同时对账之后要形成具有法律效力的文书，而不是口头承诺。

三、减少赊销、代销运作方式

销售人员为了迅速占领市场，或为了完成销售目标，有时会采取赊销、代销的运作方式。这种销售方式是经销商拖欠应收货款的土壤，并极易导致呆、死账。我们要制定相应的销售奖励政策，鼓励经销商采取购销、现款现货等方式合作，尽量减少赊销、代销的方式。

四、制定合理的激励政策

在制定营销政策时，要将应收账款的管理纳入对销售人员考核的项目之中，即个人利益不仅要和销售、回款业绩挂钩，也要和应收账款的管理联系在一起，制定合理的应收账款奖罚条例，使应收账款处在合理、安全的范围之内。

五、建立信用评定、审核制度

在实际工作中，真正能够做到现款现货的经销商很少，我们要建立信用评定、审核制度，对不同的经销商给予不同的信用额度和期限（一般为半年）。对经销商的信用管理要采取动态的管理办法，即每半年根据前期合作情况，对经销商的信用情况重新评定。

六、加强对经销商的监督

（1）要经常强化经销商的回款意识，将本公司的付款顺序排列在前面，将成为经销商的第一付款顺序作为努力的目标和方向。

（2）按照经销商实际的经营情况，采用“多批少量”的方法可以有效地控制应收账款。根据以往经验，以每月发货1～2次为宜，即每次发货量为经销商15～30日的销售量。

（3）实行适当的通路促销以减少应收账款。根据20/80原则，对20%的这部分重点客户的应收账款的管理，是应收账款管理的重中之重。实行通路促销政策，可以有效地降低厂家的应收账款。

（4）建立经销商的库存管理制度。通过对经销商库存的动态管理（销售频率、销售数量、销售通路、覆盖区域等），及时了解经销商的经营状况，保证销售的正常运转，有效地控制应收账款。

（5）关注经销商发生欠款的危险信号，如办公地点由高档区域向低档区域搬迁，付款比过去延迟，经常超出最后期限等。出现以上危险信号时，采取果断、迅速的应变措施，可以降低应收账款的回收风险。

七、加强对销售人员的管理

（1）加强销售人员的原则性。在实际的销售管理过程中，销售人员常常帮助经销商向厂家索要更多的利益。销售人员如何处理厂家与经销商的关系是一个重要的课题。我们经常听到：“厂家和经销商要达到共赢。”可是要真正做到这一点谈何容易。所以销售人员在同经销商维持良好的客情关系的同时，一定要加强他们的原则性，也就是正确处理销售人员的同情心和职业道德之间的关系，不折不扣地执行公司制定的销售政策（应收账款管理）。

（2）加强销售人员的回款意识。应该使销售人员养成良好的习惯：货款回收期限前一周，电话通知或拜访负责人，提前通知其结款日期；期限届满前3天确定结款日期，如自己不能如约拜访，应授权自己的某一位同事前往处理，并提前通知对方，如对方不能如约参加，应建议对方授权其他人跟进此款项；在结款日，销售人员一定要按时前往拜访。

（3）加强销售人员的终端管理、维护能力。建立一套行之有效的终端维护的管理办法，不仅可以降低经销商的经营风险，确保厂家货款的安全，同时也可以提升销售业绩，提高公司、产品在经销商心目中的地位，这对及时收回应收账款都是有益的。

（4）提高销售人员的追款技巧。销售人员在追收账款中扮演着很重要的角色，在日常工作中要加强对销售人员的培训，例如，运用常识；追讨函件；让对方写下支付欠款的承诺函件，并加盖公章；与负责人直接接触；录音；向警方求助等。

资料来源　佚名．如何治理应收账款和催收货款［EB/OL］．［2009-02-14］．http：//www.china-b.com/jyzy/cwjr/20090214/113428_1.html.

资料二

中国企业如何管好存货?

当前国内影响较大的存货管理方法，主要有以下3种：

一、引入ERP：存货管理的“常规武器”

随着信息技术的不断发展，借助信息化的先进成果来管理存货，已经成了当前存货管理领域最热门的话题之一。引入ERP，则是实现存货信息化管理的必由之路。市面上广泛流行的ERP系统都包含了相应的“存货管理”模块，可通过计算机精确、快速的响应来实现对存货的有效管理。如今，ERP的观念早已深入人心，引入ERP的企业不计其数。

由于连锁企业对存货流转要求最高，ERP对连锁企业存货管理的神奇作用体现得更为明显。以业内的家电连锁巨头苏宁为例，引入ERP系统首先是统一平台、统一供货。从后台库存到前台POS机，从总部到每个分店，都在同一个平台上工作，这就可以实现与上级的对接，大大减少仓库数量。苏宁在全国每开一个分店都建一个仓库，从后台库存到前台POS机，从总部到每个分店，都要经过繁杂的程序，存货周转成本很高。如果引入ERP，苏宁可以在一定区域内让所有的分店都共享一个仓库，这就意味着库存周转率大大提高，资金流转大大加快。

虽然ERP能给企业带来可观的收益，但引入ERP要耗费企业大量的精力和资源，并且还要不断地对固有的管理模式进行更新，对员工的适应能力要求较高。

二、ABC分类控制法：中小企业的存货“法宝”

ABC分类控制法（简称ABC法），又叫帕累托分析法，是指将各类存货按照需用数量的多少及需要总成本金额的大小，分为A、B、C三类，并根据其重要性对不同类别的存货采用不同的控制方法。运用ABC分类控制法来进行存货管理，可以压缩存货数量，解放被占压的资金，使得库存结构合理化，从而达到提高企业收益的目的。此外，这种存货管理方法还具有简便、易行等优点。正是基于这些特点，ABC分类控制法在我国众多中小企业里得到了广泛的应用。

下面以一家上海的中小规模的制造企业为例，来具体说明ABC分类控制法对存货管理的积极作用。该企业在20世纪90年代初由一家乡镇企业转制为民营企业，主要生产汽车的零配件，每月根据订单组织生产，上游企业也比较固定。通过实施ABC分类控制法，该企业将零配件的生产按照品质需求和数量特征进行了分类控制，见效很快，其四大主要零配件的质量合格率分别提升了9.50%、9.50%、19%和15%，基本实现了出厂产品的零缺陷。

ABC分类控制法的不足主要体现在：这种方法是一个由前向后的“推进式”系统，而生产过程分为“供、产、销”，这样一来，前面的生产工序占主导地位，后面的生产工序处于被动地位。

三、零存货：家电企业的存货“秘籍”

所谓“零存货”管理，指的是企业在生产经营中仅保持每天所需的存货，当天所进的原材料和半成品在当天全部投入使用，并在每天生产经营结束后全部转化为产品，最终送至市场全部销售的存货管理策略。这样一来，存货的库存量就是每天生产或销售所需的量，在每天的生产经营结束后，存货的库存量为零。“零存货”管理作为一种先进的存货管理方式，已经在很多家电企业中得到应用。业内知名的海信公司和格兰仕集团都从这种管理方法中受益匪浅。

以格兰仕为例，格兰仕“零库存”管理的核心在于尽快地采购最好的原材料、制造更好的产品，并通过反应迅速的营销体系，将产品以最快的速度传递到消费者手中。集团能够对库存进行数字化管理，具体到每个型号的产品在工厂有多少库存、经销商仓库里有多少台产品、每个时期的产品库存周转率是多少，都有准确的统计数据，决策层在调配资源及落实产、供、销平衡等问题上能够获得充分的依据。以这个思想作为经营指导战略的，还有大名鼎鼎的PC制造商戴尔，它的成功早已是享誉全球的商业传奇。

“零存货”管理也存在着不足，首先就是适用性的问题，因为这种方法对企业的控制水平和管理水平要求较高，因此令很多企业望尘莫及。此外，在更多的时候，“零存货”的目标只能是一种美好的愿望，在实际操作中比较难以实现。

资料来源　佚名．中国企业，如何管好你的存货［EB/OL］．［2008-07-21］．http：//www.examda.com/cy/zhidao/shiwu/20080721/081042640.html.

第四章

项目投资管理

学习目的和要求

明确项目投资的概念，了解项目投资的种类、特点和基本程序；重点掌握现金流量的含义、现金流量的计算方法；在此基础上熟练运用常用的项目投资决策方法，包括静态投资回收期法、投资收益率法、净现值法、内部收益率法及净现值率法等，熟悉项目投资决策方法在固定资产更新决策中的应用。

重点和难点

重点：现金流量的含义、现金流量的计算方法；项目投资决策方法（净现值法、内部收益率法、净现值率法）。

难点：现金流量的计算方法；内部收益率法。

预习提示

1. 常常出现这样的情况，有些公司赚了一些钱后，便急于扩张，到处投资，最终导致企业倒闭。据统计，我国中小企业的平均寿命不足3年，这其中的原因是什么？假如你是一家公司的CEO，在公司的项目投资决策中你应扮演什么角色？

2. 公司的项目投资常常面临这种情况，一方面资金不足，另一方面需要投资的项目多，几种项目割舍不下，作为CEO，你又该如何处理？

3. 进行项目决策时需要考虑哪些因素？项目投资决策的科学性需要怎样的保障机制？

通过本章的学习，你将能对上述问题有比较清楚的认识。

习　题

一、单项选择题

1.把投资分为直接投资和间接投资的标准是（　　）。

A.投资行为的介入程度　B.投入的领域

C.投资的方向　D.投资的内容

2.下列属于直接投资的是（　　）。

A.直接从股票交易所购买股票　B.购买固定资产

C.购买公司债券　D.购买公债

3.关于项目投资，下列表达式不正确的是（　　）。

A. 计算期=建设期+运营期

B. 运营期=试产期+达产期

C. 达产期是指从投产至达到设计预期水平的时期

D. 从投产日到终结点之间的时间间隔称为运营期

4.计算投资项目现金流量时，下列说法不正确的是（　　）。

A. 必须考虑现金流量的增量　B. 尽量利用未来的会计利润数据

C. 不能考虑沉没成本因素　D. 考虑项目对企业其他部门的影响

5.原始投资额不同，特别是项目计算期不同的多方案比较决策，最适合采用的评价方法是（　　）。

A.获利指数法　B.内部收益率法

C.差额投资内部收益率法　D.年等额净回收额法

6.经营成本中不包括（　　）。

A.该年折旧费　B.工资及福利费　C.外购动力费　D.修理费

7.项目投资现金流量表（全部投资现金流量表）中不包括（　　）。

A.所得税前净现金流量　B.累计所得税前净现金流量

C.借款本金偿还　D.所得税后净现金流量

8.某投资项目终结点那一年的自由现金流量为32万元，经营净现金流量为25万元，假设不存在维持运营投资，则下列说法中不正确的是（　　）。

A. 该年的所得税后净现金流量为32万元

B. 该年的回收额为7万元

C. 该年的所得税前净现金流量为32万元

D. 该年有32万元可以作为偿还借款利息、本金、分配利润、对外投资等财务活动的资金来源

9.计算静态投资回收期时，不涉及（　　）。

A.建设期资本化利息　B.流动资金投资

C.无形资产投资　D.开办费投资

10.企业在分析投资方案时，有关所得税的数据应根据（　　）来确定。

A.过去的平均税率　B.当前的税率

C.未来可能的税率　D.全国的平均税率

11.下列说法中，不正确的是（　）。

A.静态投资回收期属于反指标

B.净现值法不能直接反映投资项目的实际报酬率

C.利用各种评价指标进行项目评价时结果可能不一致

D.投资利润率没有考虑回收期满后的现金流量状况

12.固定资产投资与固定资产原值的数量关系是（　）。

A.固定资产投资=固定资产原值

B.固定资产投资=固定资产原值+建设期资本化利息

C.固定资产投资=固定资产原值-建设期资本化利息

D.固定资产投资=固定资产原值-建设期资本化利息-设备安装费用

13.某投资项目原始投资额为100万元，使用寿命10年，已知该项目第10年的经营净现金流量为5万元，期满处置固定资产残值收入及回收流动资金共8万元，则该投资项目第10年的净现金流量为（　）万元。

A.8　B.25　C.13　D.43

14.有一投资项目，原始投资为270万元，全部投资均于建设起点一次投入，建设期为0，有效期为5年，每年可获得现金净流量69万元，则此项目的内含报酬率为（　）。

A.8.23%　B.8.77%　C.7.77%　D.7.68%

15.估计现金流量时应该注意的问题不包括（　）。

A.必须考虑全部的现金流量　B.不能考虑沉没成本因素

C.考虑项目对企业其他部门的影响　D.尽量利用现有的会计利润数据

16.某投资项目在折现率为10%时，净现值为500元，折现率为15%时，净现值为-480元。则该投资项目的内部收益率是（　）。

A.13.15%　B.12.75%　C.12.55%　D.12.25%

17.项目投资决策中，完整的项目计算期是指（　）。

A.建设期　B.生产经营期

C.建设期+达产期　D.建设期+生产经营期

18.下列投资项目评价指标中，不受建设期长短、投资回收时间先后及现金流量大小影响的评价指标是（　）。

A.投资回收期　B.投资利润率　C.净现值率　D.内部收益率

二、多项选择题

1.下列关于投资项目营业现金流量预计的各种说法中，正确的有（　）。

A.营业现金流量等于税后净利加上折旧

B.营业现金流量等于营业收入减去付现成本再减去所得税

C.营业现金流量等于税后收入减去税后成本再加上折旧引起的税负减少额

D.营业现金流量等于营业收入减去营业成本再减去所得税

2.某公司正在开会讨论是否投产一种新产品，对以下收支发生争论，你认为不应列入该项目评价的现金流量的有（　　）。

A.新产品投产需要占用营运资金80万元，它们可在公司现有周转资金中解决，不需要另外筹资

B.该项目利用现有未充分利用的厂房和设备，如将该设备出租可获得200万元，但公司规定不得将设备出租，以防止对本公司产品形成竞争

C.新产品的销售会使本公司同类产品减少收益100万元，如果本公司不经营此产品，竞争对手也会推出此产品

D.采用借债方式为本项目筹资，新债务的利息支出为每年50万元

3.甲、乙两个投资方案的未来使用年限不同，只有现金流入没有现金流出，此时要对两个方案进行比较优选，不宜比较（　　）。

A.两个方案的净现值或报酬率　　B.两个方案的总成本

C.两个方案的内含报酬率　　D.两个方案的平均年成本

4.内含报酬率是指（　　）。

A.投资报酬率与总成本的比率

B.能使未来现金流入量现值与未来现金流出量现值相等的贴现率

C.投资报酬现值与总投资现值的比率

D.使投资方案净现值为零的贴现率

5.影响内含报酬率的因素包括（　　）。

A.投资项目的有效年限　　B.投资项目的现金流量

C.企业要求的最低投资报酬率　　D.银行贷款利率

6.影响期望投资报酬率的因素有（　　）。

A.社会平均报酬率　　B.风险程度

C.投资者对风险的偏好　　D.风险报酬率

7.采用固定资产平均年成本法进行设备更新决策主要是因为（　　）。

A.使用新旧设备给企业带来的收入不同

B.使用新旧设备给企业带来的年成本不同

C.新旧设备使用的年限不同

D.使用新旧设备给企业带来的年收入不同

8.关于投资项目的下列说法中，正确的有（　　）。

A.项目投资决策应首先估计现金流量

B.与项目投资决策相关的现金流量必须是能使企业总现金流量变动的部分

C.在投资有效期内，现金净流量可以取代利润作为评价净收益的指标

D.投资分析中现金流动状况与盈亏状况同等重要

9.净现值法的优点有（　　）。

A.考虑了资金时间价值

B.能够利用项目计算期的全部净现金流量

C.用公式法计算比较简单

D. 可从动态上反映投资项目的实际投资收益率水平

10. 公司拟投资10万元于一项目，投产后年均现金流入为48 000元，付现成本为13 000元，预计有效期为5年，按直线法计提折旧，无残值，所得税税率为25%，则该项目（　　）。

A. 回收期为2.86年　　B. 回收期为2.08年

C. 投资利润率为28%（税后）　　D. 投资利润率为35%（税后）

11. 下列指标中，属于动态指标的有（　　）。

A. 获利指数　　B. 净现值率　　C. 内部收益率　　D. 投资利润率

12. 在存在所得税的情况下，以"利润+折旧"估计经营期净现金流量时，"利润"不是指（　　）。

A. 利润总额　　B. 净利润　　C. 营业利润　　D. 息税前利润

13. 若有两个投资方案，原始投资额不相同，彼此相互排斥，各方案的项目计算期不同，可以采用（　　）进行选优。

A. 净现值法　　B. 净现值率法

C. 年等额净回收额法　　D. 计算期统一法

14. 如果一项投资方案的净现值等于0，即表明（　　）。

A. 该方案的获利指数等于1

B. 该方案不具备财务可行性

C. 该方案的净现值率大于0

D. 该方案的内部收益率等于设定折现率或行业基准收益率

三、判断题

1. 生产经营期是指从投产日到收回投资额的时间间隔。（　　）

2. 利用差额投资内部收益率法和年等额净回收额法进行原始投资额不相同的多个互斥方案的决策分析，会得出相同的决策结论。（　　）

3. 在资本限量情况下，应当选择的最佳投资方案是净现值合计最高的投资组合。（　　）

4. 对于独立方案，只有完全具备财务可行性才可以接受。（　　）

5. 在投资项目决策中，只要投资方案的投资利润率大于零，该方案就是可行的。（　　）

6. 在互斥方案的选优分析中，若差额内部收益率指标大于基准收益率或设定的折现率，则原始投资额较小的方案为较优方案。（　　）

7. 内含报酬率是能使获利指数为1的贴现率。（　　）

8. 某投资方案的净现值为零，则该方案的贴现率可称为该方案的内含报酬率。（　　）

9. 在比较任何两个投资方案时，内部收益较高的方案较优。（　　）

10. 若内含报酬率大于资金成本，则投资方案不可行。（　　）

四、计算分析题

1. 企业投资设备1台，设备买价为1 300 000元，在项目开始时一次性投入，项目建设期为2年，发生在建设期的资本化利息为200 000元。设备采用直线法计提折旧，净残值率为8%。设备投产后，可经营8年，每年可增加产品的产销量4 200件，每件售价为150元，每件单位变动成本为80元，但每年增加固定性经营成本81 500元。企业所得税税率为25%。

要求：

（1）计算项目计算期。

（2）计算固定资产原值、折旧额。

（3）计算经营期的年净利润。

（4）计算建设期、经营期的每年净现金流量。

2. 某企业欲更新1台已用5年的设备，目前账面价值为180 302元，变现收入为160 000元。取得新设备的投资额为360 000元，可用5年。新旧设备均采用直线法计提折旧，5年后新旧设备的残值相等。设备更新在当年可以完成。更新后第1年增加营业收入100 000元，增加营业成本50 000元。第2～5年增加营业收入120 000元，增加营业成本60 000元。企业所得税税率为25%。

要求：计算项目计算期内各年的ΔNCF。

3. 企业原有1台设备，原值280 000元，可用8年，已用3年，已提折旧100 000元，目前变现收入为160 000元，如果继续使用旧设备，期末有残值5 000元，如果更新设备，买价为360 000元，可用5年，期末有残值8 000元，更新不影响生产经营。新旧设备均采用直线法计提折旧。更新后，每年增加经营收入120 000元，增加经营成本60 000元，企业所得税税率为25%。

要求：计算项目计算期内各年的ΔNCF。

4. 企业准备更新改造流水线一条，该流水线尚可使用5年。该流水线的原值为500 000元，已提折旧200 000元，目前变现价值为150 000元。建设新的流水线的投资额为950 000元，在建设期一次性投入，建设期为1年，经营期为5年。新旧流水线的期末净残值相等，均采用直线法计提折旧。新的流水线投入使用后，每年可增加产品的产销量8 000件，产品每件售价为240元，单位变动成本为150元。同时每年新增经营成本260 000元，企业所得税税率为25%。

要求：计算项目计算期内各年的ΔNCF。

5. 某投资项目，建设期2年，在建设期期初投入设备资金100万元，在第2年年初投入设备资金50万元，在建设期期末投入流动资金50万元。项目投产后，经营期为8年，每年可增加产品销售量32 000件，每件售价为120元，每件经营成本为60元。设备采用直线法计提折旧，期末有8%的净残值。企业所得税税率为25%，资金成本率为18%。

要求：计算该投资项目的净现值，并决策该投资项目是否可行。

6. 企业购置某设备投入资金400 000元，在建设期期初一次性投入。项目建设期为2年，经营期为8年。投产后每年的经营收入为324 000元，经营成本为162 000元。该设备采用直线法计提折旧，期末有4%的净残值。企业所得税税率为25%，行业基准收益率为16%。

要求：

（1）计算该投资项目的净现值。

（2）计算企业该投资项目的内部报酬率。

（3）决策该投资项目是否可行。

7.企业原有设备1台，买价为240 000元，可用10年，已用2年，目前清理净收入为180 000元。如果继续使用旧设备，每年的经营收入为120 000元，经营成本为80 000元，期末设备的残值为12 000元。如果企业购置1台新设备，目前市价为360 000元，可用8年，每年的经营收入为180 000元，经营成本为100 000元，期末设备残值为18 000元。新旧设备均采用直线法计提折旧，企业所得税税率为25%，要求的最低投资报酬率为10%。

要求：计算ΔNCF、ΔIRR，并对是否更新设备进行决策。

五、综合题

1.某投资项目，建设期为2年，经营期为8年。投资情况如下：固定资产投资1 500 000元，在建设期期初投入1 000 000元，在建设期的第2年年初投入500 000元。300 000元的开办费在项目初期投入，200 000元的无形资产在建设期期末投入，流动资金500 000元在经营期期初投入。发生在建设期的资本化利息为300 000元。固定资产按直线法计提折旧，期末有200 000元的残值。开办费、无形资产自项目经营后按5年摊销。在项目经营的前4年每年归还借款利息200 000元。项目经营后，可生产A产品，每年的产销量为10 000件，每件售价为280元，单位变动成本为140元，每年发生固定性经营成本180 000元。企业所得税税率为25%。企业资金成本率为14%。

要求：

（1）计算项目计算期。

（2）计算原始投资额、投资总额。

（3）计算固定资产原值、折旧额。

（4）计算回收额。

（5）计算经营期的净利润。

（6）计算建设期、经营期的净现金流量。

（7）计算投资回收期。

（8）计算净现值。

（9）计算净现值率。

（10）计算获利指数。

（11）计算年等额净回收额。

2.某公司准备投资一项目，目前备选的有A和B两个投资方案：

（1）A方案的有关资料如下：需要投资6 000万元（5 400万元用于购买设备，600万元用于追加流动资金）。预计该项目可使企业销售收入增加：第一年为2 500万元，第二年为4 000万元，第三年为6 200万元；经营成本增加：第一年为500万元，第二年为1 000万元，第三年为1 200万元。第三年年末项目结束，收回流动资金

600万元，固定资产按3年采用直线法计提折旧并不计残值。

（2）B方案的有关资料如下：NCF_0=−5 000万元，$NCF_{1\sim6}$=1 400万元。

假设公司适用的所得税税率为25%，公司要求的最低投资报酬率为10%。

要求：

（1）计算A方案的税后现金流量。

（2）计算A方案的净现值。

（3）计算A方案的回收期。

（4）计算A方案的投资利润率。

（5）计算B方案的净现值。

（6）计算A、B方案的年等额净回收额，并比较两方案的优劣。

补充阅读资料

可行性分析，不可行？

企业在进行重大项目的投资、技术和产品引进等重要工作之前，通常需要制定一份可行性分析报告，需要从市场前景、所需资金、投资回报、可能遇到的困难等方面进行比较详细的分析，在获得企业经理层或者董事会的批准后，才能够正式开始实施。按理说，经过专业人士制定的可行性分析，虽然会存在一些不可控的因素对计划实施所造成的影响，但结果和目标不应相差过大，然而，就我们耳闻目睹的情况来看，有许多项目在实施过程中存在着许多问题，有些甚至是非常失败的，这到底是什么原因呢？

在项目实施过程中，总会出现一些意想不到的情况，如宏观经济环境发生变化、国家相关法律出现变更等，从而对项目的实施造成影响，甚至导致项目失败。然而，我们认为，客观原因固然存在，但是主观因素对项目实施的影响可能更加重大，通过对可行性分析报告制定者进行分析，可以从中寻找出可行性分析不可行的深层次原因。

可行性分析不可行的第一个重要原因是“长官意志”。一个比较重大的项目在实施时，通常是企业领导作出指示，由相关人员组成一个小组，进行可行性分析的相关工作。为了项目能够立项通过，在产品调查、市场调查、投资回报分析、风险分析等方面，不是进行客观的调查分析，而是有意识地选取有利的数据和证据，有意识地迎合上级的需求，误导非专业评选人士，以便报告能够顺利通过。同时，对于这些情况，许多上级也是心知肚明，但是为了上项目，取得业绩，往往是先行通过，在实践过程中追加投入，最终导致投入产出不成比例，甚至失败。

可行性分析不可行的第二个重要原因是所建立的假设是不可靠的。在进行可行性分析时，为达成最后的目标，需要设立许多假设和前提条件，但大部分条件和假设都过于理想化，从而能够推导出比较容易达成的目标和效果比较理想的结论来，最终对决策产生误导。而正确的做法是，对于风险型决策和不确定型决策，应使用决策树原理计算出期望值，制定上、中、下三策，尽可能寻找出期望值最优而风险最小的方案，从而比较准确地设定合理的目标。

可行性分析不可行的另一个重要原因是，参与评选的人不愿意得罪人。明知这是上级要通过的项目，大家谁都不愿意触霉头去惹上级不高兴，通常是提几个无关痛痒的建议，走走过场就算通过。此外，制定分析报告的人员能力不足，如缺乏全局观，不具有系统性思维，人员组成单一，存在弱项等，从而造成报告的先天不足。

由于上述原因的客观存在，使可行性分析的成败在很大程度上由客观方面因素变成由人员的主观方面因素来决定，而这个真正的原因在很大程度上是不能拿到台面上的，这是经营管理方面的一条“潜规则”。只有有效地解决这个问题，才有可能提高项目实施的成功率。企业的经营者要认清可行性分析报告后面所隐藏的问题，不能盲目乐观，更不能自欺欺人。

资料来源　徐新跃. 管理故事之九：可行分析不可行［EB/OL］.［2006-04-19］. http：//www.globrand.com/2006/37917.shtml.

第五章

证券投资管理

学习目的和要求

熟悉证券投资的概念、特点与分类；理解和掌握证券投资风险与收益的计量方法；掌握债券估价与股票估价的方法；掌握债券和股票投资决策的基本方法；掌握证券投资组合的风险和收益及证券投资组合决策方法。

重点和难点

重点：债券投资收益率与股票投资收益率的计算方法、债券估价与股票估价、证券投资组合的收益率与风险、β系数。

难点：债券估价与股票估价、证券投资组合的收益率与风险。

预习提示

1. 你的公司现有1亿元的闲置资金，该怎么用？你是存银行，还是去购买债券、股票，或是基金？

2. 如果你的公司决定拿这1亿元去买股票，是全部买一家公司的股票，还是同时买许多家公司的股票？是一次性买，还是分期、分批买？

3. 公司在证券投资中可能面临哪些风险？如果你是一家公司的CFO，你公司的证券投资应采用何种策略？如何使公司的证券投资收益最大、风险最小？

习　题

一、单项选择题

1.下列说法中，正确的是（　　）。

A.国库券没有利率风险

B.国库券和公司债券均有违约风险

C.公司债券只有违约风险

D.国库券没有违约风险，但有利率风险

2.一般认为，企业进行短期债券投资的主要目的是（　　）。

A.控制被投资企业

B.获得稳定收入

C.调节现金余额，使现金余额达到合理水平

D.增强资产流动性

3.投资风险中，非系统性风险的特征是（　　）。

A.不能被投资多样化所稀释　　B.不能消除而只能回避

C.通过投资组合可以稀释　　D.对各个投资者的影响程度相同

4.下列关于债券收益率的说法中，错误的是（　　）。

A.易被赎回的债券的名义收益率比较高

B.享受税收优惠的债券的收益率比较低

C.流动性低的债券收益率较高

D.违约风险高的债券收益率比较低

5.若某证券的β系数等于1，则表明该证券（　　）。

A.无风险

B.有非常低的风险

C.与金融市场所有证券平均风险一致

D.比金融市场所有证券平均风险大1倍

6.估算股票价值时的折现率，不能使用（　　）。

A.股票市场的平均收益率　　B.债券收益率加适当的风险报酬率

C.国债的利息率　　D.投资人要求的必要报酬率

7.某股票为固定成长型股票，年增长率为5%，预期一年后的股利为6元，现行国库券的收益率为11%，平均风险股票的必要收益率为16%，该股票的β系数为1.20，则该股票的价值为（　　）元。

A.50　　B.33　　C.45　　D.30

8.某人以40元的价格购入某股票，该股票目前的股利为每股1元，股利增长率为2%，一年后以50元的价格出售，则该股票的投资收益率为（　　）。

A.2%　　B.20%　　C.21%　　D.27.55%

9.甲公司股票的β系数为1.50，无风险收益率为8%，市场上所有股票的平均收

益率为15%，则甲公司股票的必要收益率应为（　　）。

A.15%　B.18.50%　C.19.50%　D.17.50%

10.某股票为固定成长股，其成长率为3%，预期第一年后的股利为4元。假定目前国库券的收益率为13%，平均风险股票收益率为18%，该股票的β系数为1.2，则该股票的价值为（　　）元。

A.15　B.20　C.25　D.30

11.在投资人想出售有价证券获取现金时，证券不能立即出售的风险是（　　）。

A.流动性风险　B.期限性风险　C.违约风险　D.购买力风险

12.如某投资组合由收益呈完全负相关的两只股票构成，则（　　）。

A. 该组合的非系统性风险能完全抵消

B. 该组合的风险收益为零

C. 该组合不能抵消任何非系统性风险

D. 该组合的投资收益为50%

13.甲公司以10元的价格购入某股票，假设持有1年之后以10.5元的价格售出，在持有期间共获得1.50元的现金股利，则该股票的持有期收益率是（　　）。

A.12%　B.9%　C.20%　D.35%

14.由于通货膨胀而使证券到期或出售时所获得货币资金的购买力降低的风险属于（　　）。

A.购买力风险　B.期限性风险　C.流动性风险　D.利率风险

15.按证券的发行主体不同，证券可分为（　　）。

A.短期证券和长期证券　B.固定收益证券和变动收益证券

C.所有权证券和债权证券　D.政府证券、金融债券和公司债券

16.企业进行股票投资的目的是（　　）。

A.获得稳定收益　B.控股和获利

C.调节现金余额　D.使公司处于理想目标结构

17.有一笔国债，5年期，平价发行，票面利率为10%，单利计息，到期一次还本付息，则该国债的到期收益率是（　　）。

A.9%　B.11%　C.10%　D.12%

18.企业把资金投资于国库券，可不必考虑的风险是（　　）。

A.再投资风险　B.违约风险　C.购买力风险　D.利率风险

19.对证券持有人而言，证券发行人无法按期支付债券利息或偿付本金的风险是（　　）。

A.流动性风险　B.系统性风险　C.违约风险　D.购买力风险

20.下列因素中，不会影响债券的价值的是（　　）。

A.票面价值与票面利率　B.市场利率

C.到期日与付息方式　D.购买价格

21.对于购买力风险，下列说法中正确的是（　　）。

A. 由于证券发行人无法按期还本付息带来的风险

B. 由于利率的变动而引起证券价格变动带来的风险

C. 由于通货膨胀而使证券到期或出售时所获得的货币资金购买力下降的风险

D. 投资者需要将有价证券变现而证券不能立即出售的风险

22. 新华公司股票的β系数为1.20，无风险收益率为5%，市场上所有股票的平均收益率为9%，则该公司股票的必要收益率应为（　　）。

A.9%　　B.9.80%　　C.10.50%　　D.11.20%

23.A公司欲投资购买某上市公司股票，预计持有期限为3年。该股票预计年股利为每股8元，3年后市价可望涨至80元，企业期望的最低投资报酬率为10%，则该股票现在最多可用（　　）元购买。

A.59　　B.80　　C.75　　D.86

24. 如果证券投资组合中包括了全部股票，则投资人（　　）。

A. 只承担市场风险　　B. 只承担特有风险

C. 只承担非系统性风险　　D. 不承担特有风险

25. 在证券投资中，因通货膨胀带来的风险是（　　）。

A. 违约风险　　B. 利率风险　　C. 购买力风险　　D. 流动性风险

二、多项选择题

1. 证券投资的系统性风险，又称为（　　）。

A. 市场风险　　B. 公司特别风险　　C. 可分散风险　　D. 不可分散风险

2. 在财务管理中，衡量风险大小的指标有（　　）。

A. 标准差　　B. 标准离差率　　C.β系数　　D. 期望报酬率

3. 进行证券投资，应考虑的风险有（　　）。

A. 违约风险　　B. 利率风险　　C. 购买力风险　　D. 市场风险

4. 企业进行证券投资的主要目的有（　　）。

A. 利用暂时闲置的资金　　B. 与筹集的长期资金相配合

C. 满足未来的财务需求　　D. 获得对相关企业的控制权

5. 按照资本资产定价模型，影响个别股票预期收益率的因素有（　　）。

A. 无风险收益率　　B. 平均风险股票的必要收益率

C. 经营杠杆系数　　D. 个别股票的β系数

6. 按照投资的风险分散理论，以等量资金投资于A、B两项目，则（　　）。

A. 若A、B项目完全负相关，组合后的非系统性风险完全抵消

B. 若A、B项目完全负相关，组合后的非系统性风险不增加也不减小

C. 实际上A、B项目的投资组合可以降低非系统性风险，但难以完全消除非系统风险

D. 若A、B项目完全正相关，组合后的非系统性风险不增加也不减小

7. 股票投资的主要优点是（　　）。

A. 投资收益高　　B. 拥有企业的经营控股权

C. 购买力风险较低　　D. 收入较稳定

8. 证券的β系数是衡量风险大小的重要指标，下列表述正确的有（　　）。

A. β系数越大，说明该股票的风险越大

B. β系数越小，说明该股票的风险越大

C. 某股票的β系数等于1，说明该股票的市场风险等于股票市场的平均风险

D. 某股票的β系数大于1，说明该股票的市场风险大于股票市场的平均风险

9. 企业进行股票投资的主要目的包括（　　）。

A. 获取稳定收益

B. 为了获得股利收入及股票买卖价差

C. 取得对被投资企业的控股权

D. 为配合长期资金的使用，调节现金余额

10. 股票投资的缺点有（　　）。

A. 购买力风险低　　B. 求偿权居后

C. 价格不稳定　　D. 收入稳定性强

11. 与股票投资相比，债券投资（　　）。

A. 收益稳定性强，收益较高　　B. 投资风险较小

C. 购买力风险低　　D. 没有经营控制权

12. 证券投资组合的非系统性风险包括（　　）。

A. 货币政策的变动　　B. 利率政策的变动

C. 产品价格降低　　D. 企业经营管理水平低

13. 下列说法中，正确的有（　　）。

A. 国库券没有违约风险和利率风险

B. 债券到期时间越长，利率风险越小

C. 债券的质量越高，违约风险越小

D. 购买预期报酬率上升的资产可以抵补通货膨胀带来的损失

14. 证券投资的收益包括（　　）。

A. 资本利得　　B. 股利　　C. 售价　　D. 债券利息

三、判断题

1. 当票面利率大于市场利率时，债券会溢价发行。（　　）

2. 证券投资的流动性与风险性成正比。（　　）

3. β系数反映的是公司特有风险，β系数越大，则公司特有风险越大。（　　）

4. 证券市场中的投资项目，其风险与预期报酬率有的成正比，有的成反比。（　　）

5. 证券组合投资风险的大小等于组合中各个证券风险的加权平均数。（　　）

6. 系统性风险，又称为不可分散风险，它对不同企业的影响是相同的。（　　）

7. 通货膨胀情况下，债券比股票能更好地避免购买力风险。（　　）

8. 通过证券组合可以消除所有风险。（　　）

9. 就风险而言，从大到小的排列顺序为：金融证券、公司证券、政府证券。（　　）

10. β值越高，要求的风险收益率也就越高，在无风险收益率不变的情况下，必要收益率也就越高。（　　）

11. 一种8年期的债券，票面利率为10%；另一种3年期的债券，票面利率亦为10%。两种债券在其他方面没有区别。在市场利率急剧上涨时，前一种债券价格下跌得更快。（　）

12. 一个行业竞争程度越高，投资该行业的证券风险就越大。（　）

13. 短期债券与长期债券相比，利率风险大，再投资风险小。（　）

14. 债券的当前收益率和票面收益率一样，不能全面地反映投资者的实际收益。（　）

15. 企业进行股票投资就是为了控制被投资企业。（　）

四、计算分析题

1. 某公司发行公司债券，面值为1 000元，票面利率为10%，期限为5年。已知市场利率为8%。

要求：

（1）债券为按年付息、到期还本，发行价格为1 020元，投资者是否愿意购买？

（2）债券为单利计息、到期一次还本付息，发行价格为1 010元，投资者是否愿意购买？

（3）债券为贴现债券，到期归还本金，发行价格为700元，投资者是否愿意购买？

2. 某股票为固定成长股，其成长率为2%，预期第1年的股利为4元，假定目前国库券的收益率为8%，平均风险股票的必要收益率为16%。该股票的β系数为1.20，目前的市价为24元。

要求：分析投资者是否应购买该股票。

3. 某企业购买面值为10万元、票面利率为8%、期限为5年的债券，每年1月1日与7月1日付息，当时市场利率为12%。

要求：

（1）计算该债券的价值。

（2）该债券市价是92 000元，是否值得购买？

（3）如果按债券价值购入了该债券，此时购买债券的到期收益率是多少？

4. 某公司持有A、B、C三种股票组成的证券组合，三种股票所占比重分别为40%、30%和30%，其β系数分别为1.20、1.70和0.80，股票市场的风险溢价报酬率为10%，无风险报酬率为8%。

要求：

（1）计算该证券组合的β系数。

（2）计算该证券组合的必要投资报酬率。

5. 嘉鸿公司持有A、B、C三种股票构成的证券组合，其β系数分别是1.50、1.70和1.80，在证券投资组合中所占比重分别为30%、30%、40%，股票的市场收益率为9%，无风险收益率为7%。

要求：

（1）计算该证券组合的β系数。

（2）计算该证券组合的必要投资收益率。

五、综合题

甲企业计划利用一笔长期资金购买股票。现有M公司股票和N公司股票可供选择，甲企业只准备投资其中一家公司的股票。已知M公司股票现行市价为每股9元，上年每股股利为0.15元，预计以后每年以6%的增长率增长。N公司股票现行市价为每股7元，上年每股股利为0.60元，股利分配政策将一贯坚持固定股利政策。甲企业所要求的投资必要报酬率为8%。

要求：

（1）利用股票估价模型，分别计算M、N公司股票的价值。

（2）代甲企业作出股票投资决策。

补充阅读资料

传统证券组合管理与现代证券组合理论

一、传统证券组合管理

传统证券组合管理包括以下几个基本步骤：（1）确定投资政策。传统的证券组合管理一般按投资是收入型、增长型还是混合型来对投资政策进行分类。这种分类方法强调投资者获得收益的形式是基本收益还是资本收益。收入型组合将重点放在基本收益的最大化上，不太注重资本收益及其增长。增长型组合强调投资的资本升值。构建增长型组合的目的在于通过推迟获得基本收益而增加组合的价值，组合价值的增加应使组合未来收入的增长获得足够的改善。混合型证券组合的目标是既获得基本收益，又获得资本收益，并保持二者的均衡。（2）实施证券分析。传统的证券组合管理依靠基本分析和技术分析来选择证券、确定买卖时机、构建和调整资产组合，并对证券组合资产的经济效果进行评价。（3）构建证券组合资产。这一步骤就是在根据投资政策和一定的分析方法选择了证券之后，确定如何将资金进行分配以使证券投资组合具有理想的风险和收益特征。（4）修订证券组合资产结构。虽然证券组合的目标是相对稳定的，但是个别证券的价格及收益风险特征是可变化的，随着时间的推移和市场条件的变化，已购建的证券组合中的一些证券的市场情况与市场前景可能发生变化。当某种证券收益和风险特征的变化足以影响到组合整体发生不利的变动时，就应当对证券组合的资产结构进行调整，剔除或增加有抵消作用的证券。（5）对证券组合资产的经营效果进行评价。对证券组合资产的经营效果进行评价是证券组合管理的最后环节，也是十分关键的环节。它既涉及对过去一个时期组合管理业绩的评价，也关系到下一个时期组合管理的方向。评价经营效果并不是仅仅比较收益率就行了，还要看证券组合所承担的风险。风险程度不同，收益率也不同。在同一风险水平上的收益率数据才具有可比性。资产组合风险水平的高低应取决于投资者的风险承受能力，超过投资者的风险承受能力进行投资，即使可以获得高收益也是不可取的。对于获得的收益也应区分哪些是组合管理者主观努力的结果，哪些是市场客观因素造成的。如在强劲的牛市中，市场平均收益率为50%，那么，即使资产组合的收益率为35%，组合管理者的经营能力仍然要被认为是不合格的；而在大熊市中，如果市场指数下跌了50%，而资产组合净值下降35%，也可以说是表现相当不错的。

二、现代证券组合理论

1952年，马科维茨发表了一篇题为《证券组合选择》的论文，标志着现代证券组合理论的开端。马科维茨第一次对证券投资中的风险因素进行了正规的阐述。他注意到一个典型的投资者不仅希望收益高，而且希望收益尽可能确定，这意味着投资者在寻求预期收益最大化的同时也要追求收益的最小的不确定性。马科维茨分别用期望收益率和收益率的方差来衡量投资的预期收益水平和不确定性（风险），建立均值方差模型来阐述如何全盘考虑上述两个目标，从而进行决策。这种考虑导出了一个有趣的结果，即投资者应该通过同时购买多种证券而不是一种证券进行分散化投资。

在投资者只关注期望收益率和收益率的方差的假设前提下，马科维茨提供的方法是完全正确的。然而这种方法所面临的最大问题是其计算量太大，特别是对大规模的市场，在存在上千种证券的情况下，即使借助高速计算机也难以实现，这严重阻碍了马科维茨方法在实际中的运用。1963年，马科维茨的学生夏普提出了一种简化形式的计算方法，通过建立单因素模型来实现，后来被推广为多因素模型，以期与实际有更精确的近似。现今在西方发达国家，多因素模型已被广泛应用在证券组合中普通股之间的投资分配上，而马科维茨模型则被广泛应用于不同类型证券之间的投资分配上，如债券、股票、风险资产和不动产等。

在证券组合理论广泛传播之前，夏普、林特纳和莫辛三人便同时独立地提出了以下问题：假定每个投资者都使用证券组合理论来经营他们的投资，这将会对证券定价产生怎样的影响？他们在回答这一问题时，分别于1964年、1965年和1966年提出了著名的资本资产定价模型（CAPM），该模型不仅提供了评价收益-风险相互转换特征的可运作框架，也为投资组合分析、基金绩效评价提供了重要的理论基础。CAPM在金融领域盛行多年，得到了广泛的应用。1976年，罗尔对CAPM提出了批评，因为这一模型无法用经验事实来检验。与此同时，罗斯突破性地发展了资本资产定价模型，提出了套利定价理论（APT）。APT认为，只要有任何一个投资者不能通过套利获得无限财富，那么期望收益率就一定与风险相联系。由于该模型需要较少的假设，因此，直接导致了多指数投资组合分析方法在投资实践上的广泛应用。

资料来源　佚名. 传统的证券组合管理与现代证券组合理论［EB/OL］.［2010-04-22］. http://www.cfzq.com/ZHTZ/ShowContent__504.htm.

第六章

收入和利润管理

学习目的和要求

了解收入的概念与作用、收入管理的要求；熟练掌握商品售价的定价方法、利润管理的要求、利润预测的方法、利润分配的顺序、股利支付的程序、影响股利分配的因素、股利支付的形式。

重点和难点

重点：商品售价的定价方法、利润预测的方法、利润分配的顺序、股利支付的程序。

难点：利润预测的方法、股利政策的决策。

预习提示

1. 实现销售、取得销售收入是一个企业生存发展的最基本条件。企业应该如何确定商品的售价？如何确定未来的销售收入？

2. 企业的利润既反映企业获利能力的大小，又反映企业管理水平的高低。假如你是一个上市公司的总经理，你应该如何预测利润？利润应该怎样管理？利润分配的顺序是怎样的？股利应该怎样支付？影响股利分配的因素有哪些？公司应该选择哪种股利支付形式？

通过本章的学习，你将能对上述问题有比较清楚的认识。

习　题

一、单项选择题

1.股利分配最重要的是（　　）。

A.在股利支付程序中各日期的确定

B.股利支付比率的确定

C.股利支付形式的确定

D.支付现金股利所需资金的筹集方式的确定

2.影响商品价格高低的最主要因素是（　　）。

A.产品成本　　B.销售税金　　C.销售利润　　D.财务费用

3.计提法定盈余公积的基数是（　　）。

A.本年可供分配利润

B.本年净利

C.抵减本年亏损后的本年净利

D.抵减年初累计账面亏损后的本年净利

4.当企业尚有剩余生产能力未被充分利用时，常用的定价方法是（　　）。

A.成本加成定价　　B.撇脂性定价　　C.渗透性定价　　D.边际贡献定价

5.在下列股利政策中，其股利支付与企业盈余相脱节的是（　　）。

A.剩余股利政策　　B.固定股利政策

C.固定股利支付率政策　　D.低正常股利加额外股利政策

6.有权领取股利的股东有资格登记的截止日期，即除权日是指（　　）。

A.股利宣告日　　B.股权登记日　　C.除息日　　D.股利支付日

7.按照财务制度规定，在下列项目中的（　　）是必须提取的。

A.普通股股利　　B.优先股股利

C.任意盈余公积　　D.法定盈余公积

8.按规定，法定盈余公积提取数超过注册资本的（　　）时，可不再提取。

A.25%　　B.35%　　C.50%　　D.40%

9.根据2006年的《公司法》，在利润分配中，（　　）已被取消。

A.法定盈余公积　　B.法定公益金

C.任意盈余公积　　D.优先股股利

10.能够体现利多多分、利少少分、无利不分原则的股利分配政策是（　　）。

A.固定或持续增长的股利政策　　B.剩余股利政策

C.低正常股利加额外股利政策　　D.固定股利支付率政策

11.发放股票股利的结果是（　　）。

A.企业资产增加　　B.企业所有者权益增加

C.所有者权益内部结构调整　　D.企业筹资规模增加

12.在股利政策中灵活性较大、对企业和投资者都较有利的方式是（　　）。

A.剩余股利策略　　B.固定股利策略

C.固定股利支付率策略　　D.低正常股利加额外股利策略

13.在所有股利支付方式中，最主要的支付方式是（　　）。

A.现金股利　　B.负债股利　　C.财产股利　　D.股票股利

14.为了减少矛盾，证券交易所一般规定，从股权登记日的前（　　）天起至股权登记日为除息日。

A.3　　B.5　　C.4　　D.6

15.下列不能用于发放股利的是（　　）。

A.盈余公积　　B.实收资本

C.上年末未分配利润　　D.税后利润

16.某产品单位制造成本为105元，期间费用率为10%，销售收入利润率为20%，则该产品单位销售价格可定为（　　）元。

A.120　　B.150　　C.130　　D.140

17.某公司现有发行在外的普通股为1 000 000股，每股面额1元，资本公积为3 000 000元，未分配利润为8 000 000元，股票市价为20元。若按10%的比例发放股票股利并按市价折算，公司资本公积的报表列示将为（　　）元。

A.1 000 000　　B.2 900 000　　C.4 900 000　　D.3 000 000

18.发放股票股利后，每股市价将（　　）。

A. 上升

B. 下降

C. 不变

D. 可能会出现以上三种情况中的任意一种

19.（　　）之后的股票交易，其交易价格可能有所下降。

A.股利宣告日　　B.除息日　　C.股权登记日　　D.股利支付日

20.在通货膨胀时期，企业一般采取的收益分配政策是（　　）。

A.很紧　　B.很松　　C.偏紧　　D.偏松

二、多项选择题

1.一般来讲，在众多的股利政策中，有的公司采用（　　）政策以有助于保持公司股票价格的稳定和良好的公司形象。

A.稳定或持续增长的股利　　B.固定股利支付率

C.低正常股利加额外股利　　D.剩余股利

2.一般来讲，股利分配政策的制定会受到（　　）的影响。

A.法律因素　　B.股东投资目的　　C.优先股因素　　D.资本成本

3.企业发放股票股利的目的包括（　　）。

A.实际上是企业盈余的资本化　　B.能达到节约企业现金的目的

C.可以使股票价格不至于过高　　D.会使企业财产的价值增加

4.在下列项目中，构成企业可供分配利润的是（　　）。

A.本年实际净利润　　B.资本公积

C.以前年度净利润　　D.年初未分配利润

5.利润分配政策直接影响公司的（　　）。

A.经营能力　B.盈利水平　C.筹资能力　D.市场价值

6.采用固定股利政策或稳定增长股利政策的理由包括（　　）。

A.有利于投资者安排股利收入和支出　B.有利于稳定股价

C.使股利支付与盈余相一致　D.使资本成本最低

7.影响利润分配政策的公司自身因素有（　　）。

A.控股权的稀释　B.未来投资机会　C.筹资成本　D.资产的流动性

8.公司在发放股票股利时，会（　　）。

A.导致股东权益增加或负债增加

B.在公司盈利总额不变的情况下，引起普通股每股收益和每股市价下降

C.使股东权益总额发生变动

D.使每位股东所持的股票市场价值总额保持不变

9.在下列各有关项目中，公司股利分配的制约因素有（　　）。

A.法律因素　B.股东因素　C.公司因素　D.债权合同因素

10.股份公司提取任意盈余公积的目的是（　　）。

A.支付股利　B.控制投资者分配利润的水平

C.弥补亏损　D.调整各年利润分配的波动

E.集体福利开支

11.股份公司发放股利的来源不得使用（　　）。

A.股本　B.盈余公积　C.资本公积

D.税后利润　E.税前利润

12.（　　）等因素会使股份公司多发股利。

A.企业积累　B.靠股利维持生活的股东

C.盈余长期稳定　D.企业资产流动性强

E.企业有良好的投资机会

13.（　　）等因素会使股份公司少发股利。

A.超额累计利润的约束　B.股东避税

C.控制权的稀释　D.公司举债能力低

E.向外筹资资本成本高

14.股利政策涉及的内容很多，包括（　　）。

A.在股利支付程序中各日期的确定　B.股利支付比率的确定

C.股利支付方式的确定　D.支付现金股利所需现金的筹集

E.公司利润分配顺序的确定

15.发放股票股利，可能会（　　）。

A.引起每股盈余下降　B.使公司留存大量现金

C.使股东权益各项目的比例发生变化　D.使股东权益总额发生变化

E.使股票价格下降

三、判断题

1.现金股利是最常见的股利发放方式。（ ）

2.低正常股利加额外股利政策，被那些利润和现金流量特别稳定的大公司所采用。（ ）

3.固定股利支付率政策，可以使企业的股利支付与盈利状况结合起来。（ ）

4.当企业采用稳定或持续增长的股利政策时，如果公司盈利下降，而股利支付并未减少，那么投资者会认为企业未来的经营状况不会好转。（ ）

5.只要公司有足够的现金就可以采用现金股利这种股利支付方式。（ ）

6.低正常股利加额外股利政策导致分配利润与企业盈利相脱节，易引起资金短缺。（ ）

7.企业采用固定股利政策可以筹集到成本较低的资本。（ ）

8.企业的法定盈余公积一般不能低于注册资本的30%。（ ）

9.企业当年无利润不得向投资者分配利润。（ ）

10.企业不能全部分配其可供分配的利润，必须留存一部分用于企业发展。（ ）

11.大多数盈利比较稳定或正处于成长期、信誉一般的企业采用剩余分红策略。（ ）

12.资本公积和盈余公积一样都可以用于弥补亏损。（ ）

13.股份公司先提取任意盈余公积，再支付优先股股利和普通股股利。（ ）

14.股份公司不能用资本发放股利，不能在没有累积盈余的情况下提取盈余公积。（ ）

15.低正常股利加额外股利政策，能使股利与公司盈余紧密地配合，以体现多盈多分、少盈少分的原则。（ ）

四、计算分析题

1.某公司生产A、B两种产品，单价分别为20元和50元，边际贡献率分别为25%和10%，全年固定成本为450 000元，A、B两种产品的预计销售量分别为50 000件和30 000件。

要求：

（1）计算盈亏平衡点的销售收入。

（2）计算盈亏平衡点的销售量。

（3）如果增加广告费50 000元可使A产品的销售量增加到60 000件，而B产品的销售量会减少到20 000件，试计算此时盈亏平衡点的销售收入，并说明这一广告措施是否可行。

2.某公司发行在外的股票有500 000股，每股面值1元，现市价为每股10元。公司股东权益情况为：普通股500 000元，资本公积2 000 000元，未分配利润10 000 000元，股东权益合计12 500 000元。现公司董事会决定发放股票股利，每10股送1股。

要求：计算发放股票股利后的股本、资本公积、未分配利润、股东权益总额。

五、综合题

正大公司去年税后净利润为500万元，今年由于经济不景气，税后盈余下降为

475万元，目前公司发行在外的普通股为100万股。该公司准备投资400万元设立新厂。其中，60%将来自举债，40%来自权益资金。此外，该公司去年每股股利为3元。

问题：

（1）若该公司维持固定股利支付率政策，则今年应支付每股股利多少元？

（2）若执行剩余股利政策，则今年应支付每股股利多少元？

补充阅读资料

中国上市公司股利分配问卷调查报告

股利分配作为上市公司的核心财务政策，一直受到利益各方的密切关注。股利分配与否，既关系到股东的经济利益和福利水平，又关系到公司的未来发展。一般而言，较高的股利支付水平，一方面可使股东获得可观的投资收益，另一方面还会引起公司股票价格的上涨，从而使股东还能获取资本利得。但是，过高的股利分配，必将使上市公司现金或留存利润大量减少，或者影响公司的可持续发展，或者导致公司大量举债，增加资本成本负担，最终影响公司的未来盈利水平，进而降低股东权益。而较低的股利支付水平，甚至不分配，虽然使公司有更多的现金流量，但与股东的意愿相违，股票价格可能下跌，公司形象将受损，并使公司未来的融资决策受到不利影响。因此，如何制定合理的股利分配政策及股利支付路径，便成为上市公司管理层面临的重大财务决策问题。那么，中国上市公司管理层在制定股利分配政策时考虑了什么因素呢？为此笔者对部分上市公司财务总监进行了问卷调查。

一、调查问题

与上市公司其他高级管理人员相比，财务总监对本公司的财务状况、经营成果和现金流量现状最了解，他们也最了解其所在公司的股利分配情况。我们向抽样选取的168家公司的财务总监发出了调查问卷，总共收回问卷120份，回收率为71.43%。

调查问卷包括以下9个问题：（1）中国上市公司确定股利支付水平过程中的影响因素；（2）中国上市公司分配现金股利考虑的因素；（3）中国上市公司不分配现金股利考虑的因素；（4）中国上市公司分配股票股利考虑的因素；（5）中国上市公司不分配股票股利考虑的因素；（6）中国上市公司转增股本考虑的因素；（7）中国上市公司不转增股本考虑的因素；（8）中国上市公司不分配股利考虑的因素；（9）中国证监会是否应该把现金分红作为上市公司再筹资的必要条件。

二、调查结果

1. 中国上市公司确定股利支付水平过程中的影响因素。问卷调查结果显示，中国上市公司在确定股利支付水平过程中，考虑的最主要因素是本期及以后各期的盈利能力。这表明公司在确定股利支付水平时考虑的是持久盈利水平，而不是当期盈利水平。上市公司存在当期盈利多，则股利分配水平高，而当期盈利少，则股利分配水平低的现象。其他影响上市公司确定股利支付水平的比较重要的因素还有：本期及以后各期的投资决策；本期及以后各期的融资决策；现金余额大小以及未分配利润余额大小。我们发现，债权人限制是一个影响力很小的因素，其原因可能是中国上市公司比较偏好直接融资，负债较少。

2. 中国上市公司分配股票股利考虑的因素。调查结果显示，中国上市公司分配股票股利时考虑的第一个主要因素是对公司未来前景看好，并向市场传递这个信息。这进一步印证了Elgers和Murry（1985）提出的“信息传递假说”，即在信息非对称的状态下，管理当局比外部投资者知道更多关于企业的有利信息，除了在公开媒体上简单地发表声明之外，管理当局可以通过分配股票股利传递这些利好信息。第二个主要因素是扩张股本的需要。这可能是因为中国股票市场成立时间较短，大多数上市公司还处于高速成长期，股本较少，为了以后获得更多的融资，很多公司都有通过分配股票股利扩张股本的需要。其他一个比较重要的因素就是节省现金。

3. 中国上市公司不分配股票股利考虑的因素。调查结果显示，中国上市公司不分配股票股利考虑的最主要因素是怕稀释每股收益。这可能是由于很多上市公司担心盈利增长的速度跟不上股本扩张的速度。其他比较重要的影响因素包括：公司盈利能力恶化；公司当期发生亏损。影响力比较小的因素有：对公司未来前景不看好；国家股、法人股股东偏好现金股利；机构投资者偏好现金股利。

4. 中国上市公司不转增股本考虑的因素。调查结果显示，中国上市公司不转增股本考虑的最主要因素是公司资本公积金不多。其他一些次要因素依次是：公司当期盈利能力恶化；公司当期发生亏损；对公司未来前景不看好。

5. 中国上市公司不分配现金股利，也不转增股本考虑的因素。调查结果显示，中国上市公司不分配现金股利，也不转增股本，考虑的最主要因素是有较好的投资项目，资金紧张。中国大部分上市公司上市时间较短，处于高速成长期，急需大量的现金进行投资和对外扩张。因此，有较好的投资项目但缺少现金成为不分配的最主要理由。其他比较重要的影响因素还有：本期经营业绩发生较大滑坡；本期发生亏损。

6. 中国证监会是否应该把现金分红作为上市公司再筹资的必要条件。调查结果显示，大部分财务总监比较赞成中国证监会把现金分红作为上市公司再筹资的必要条件。他们认为，这样最有利于增强投资者的信心，还有利于减少上市公司股利分配的随意性和波动性，有利于树立和维护上市公司在二级市场的良好形象；不分配现象损害了投资者的利益，加剧了股市的投机之风。不过也有一部分财务总监认为是否现金分红是企业行为，监管部门不应该插手。

三、两点思考

1. 要提高股利回报率，必须提高上市公司的盈利能力。本次问卷调查的结果表明，中国上市公司制定股利政策时，主要考虑的是本期及后期的盈利能力。可见，盈利能力的大小是决定一家公司是否分配股利或分配多少的主要因素。上市公司一般都是各行业中的佼佼者，本身具有较强的竞争实力，加上低成本的直接融资和其他优惠政策，按理其获利水平应远高于同行业的平均获利水平，也都应该体现出高成长的特性。事实上，除少数上市公司呈现高速发展态势以外，大多数上市公司的盈利潜力还有待发掘。如何寻找新的利润增长点是上市公司值得慎重考虑而又必须考虑的问题，否则不仅仅是本身业务得不到拓展，还会妨碍证券市场的健康发展。企业上市以后要善于资本营运、开拓主营业务、提高盈利能力和盈利水平，才会为股东创造丰厚的投资回报。这种回报只能在企业实实在在的发展中产生，而不可能在二级市场股价波动中产生。二级市场的股票市值波动是一个虚拟资本的增加与减少，本身不能创造出更多的社会财富。只有上市公司的经营业绩提高了，股东投资回报的提高才会有保障。

2. 正确引导上市公司的股利分配，是否现金分红不应该一刀切。中国证券市场运作时间较短，还存在许多不规范的地方，上市公司的股利分配在很大程度上与市场中的寻租行为存在千丝万缕的联系，因此，监管部门对上市公司的股利分配进行规范十分必要。我们认为，监管部门应引导上市公司加大信息披露的力度，要求其公布从长远发展考虑的长期股利分配政策，来指导公司每一年度的利润分配计划，其目的是使公司每年的股利分配有一定的可预期性，在一定程度上减少二级市场上市公司股票的价格被操纵的可能性，同时使公司的股利分配方案接受社会监督。从中国上市公司的发展来看，大多数处于成长期，非常需要大量的现金进行项目投资、技术改造和兼并收购。因此，通过强制现金分红来影响企业的股利分配政策，可能对上市公司产生一定的负面影响。从股东利益最大化的目标来看，上市公司是否采用现金股利政策，主要取决于利润如果留存在公司产生的边际投资收益率是否会高于社会边际投资收益率。如果高于社会边际投资收益率，利润留存在公司有利于股东利益最大化目标的实现，否则应以现金分红为宜。

资料来源 佚名. 中国上市公司股利分配问卷调查报告［EB/OL］.［2013-01-11］. https://wenku.baidu.com/view/e43b42126bd97f192279e93e.html.

第七章

财务预算

学习目的和要求

了解财务预算的作用、财务预算编制的步骤；掌握财务预算的概念与内容、弹性预算和零基预算的编制方法；熟练掌握现金预算的编制方法和预计财务报表的编制方法。

重点和难点

重点：财务预算的概念与内容、弹性预算和零基预算的编制方法。

难点：现金预算的编制方法和预计财务报表的编制方法。

预习提示

1. 成本费用控制是财务管理的一个重要内容，假如你是一个财务经理，如何对各部门的差旅费、业务招待费等项目进行有效控制？

2. 财务预算是企业各级、各部门工作的奋斗目标，假如你是一个公司的老总，如何利用好财务预算这一协调各级、各部门工作的工具，推进企业发展？

通过本章的学习，你将能对上述问题有比较清楚的认识。

习　题

一、单项选择题

1. 直接材料预算的编制基础是（　　）。

A. 生产预算　　B. 直接人工预算　　C. 产品成本预算　　D. 销售预算

2. 多品种经营的企业常采用（　　）编制弹性利润预算。

A.因素法　B.公式法　C.百分比法　D.列表法

3.下列关于零基预算的说法中，错误的是（　　）。

A.零基预算不受现有费用开支水平的限制

B.零基预算的编制工作量很大

C.零基预算有可能使不必要的开支合理化

D.采用零基预算，要逐项审议各种费用项目或数额是否必要、合理

4.某企业编制“直接材料预算”，预计第四季度期初存量为500千克，季度生产需用量为2 300千克，预计期末存量为350千克，材料单价为10元，若材料采购货款有60%在本季度内付清，另外40%在下季度付清，则该企业预计资产负债表年末“应付账款”项目为（　　）元。

A.12 900　B.8 800　C.8 600　D.13 500

5.编制生产预算时，关键是正确地确定（　　）。

A.预计销售价格　B.预计销售数量　C.期初存货量　D.预计期末存货量

6.下列属于专门决策预算的是（　　）。

A.管理费用预算　B.销售费用预算　C.投资决策预算　D.制造费用预算

7.下列关于财务预算的表述中，错误的是（　　）。

A.财务预算是财务预测的依据

B.财务预算能使决策目标具体化、系统化、定量化

C.财务预算反映企业在未来一定预算期内的预计财务状况和经营成果

D.财务预算是企业全面预算体系中的最后环节，也称总预算

8.在下列各项中，不属于全面预算内容的是（　　）。

A.专门决策预算　B.日常业务预算　C.经济指标预算　D.财务预算

9.在财务预算中，专门用于反映企业在未来一定预算期内预计财务状况和经营成果的报表统称为（　　）。

A.现金预算表　B.预计利润表　C.预计资产负债表　D.预计财务报表

10.相对于固定预算而言，弹性预算的主要优点是（　　）。

A.可比性强　B.稳定性强　C.连续性强　D.远期指导性强

11.在下列预计应交增值税的方法中，与实际方法一致的是（　　）。

A.因素法　B.简捷法　C.常规法　D.公式法

12.不需另外预计现金支出，直接参加现金预算汇总的预算是（　　）。

A.成本预算　B.销售预算　C.人工预算　D.期间费用预算

13.在下列各项弹性成本预算中，计算工作量大，但便于预算的控制和考核的方法是（　　）。

A.公式法　B.列表法　C.百分比法　D.因素法

14.企业年度各种产品销售业务量为100%时的销售收入为24 500万元，变动成本为14 700万元，企业年固定成本总额为2 000万元，利润为7 800万元，则当预计业务量为70%时的利润为（　　）万元。

A.450　B.6 860　C.4 500　D.4 860

15.某企业预测甲产品的销售数量为40 000件，该产品的单位变动成本为15元，应分担固定成本400 000元，目标净利润为100 000元，所得税税率为50%。保证目标净利润实现的单位售价应为（　　）元。

A.20　　B.27.5　　C.30　　D.37.5

16.财务预算的核心是（　　）。

A.销售预算　　B.现金预算　　C.生产预算　　D.费用预算

17.某企业去年和今年的流动资产平均占用额分别为1 000万元和1 200万元，周转次数分别为5次和6次，今年的销售收入比去年增加了（　　）万元。

A.2 000　　B.2 200　　C.2 400　　D.2 600

18.某产品的单位变动成本为4元，单位售价为10元，预计销售数量为100万件，企业为该产品确定的目标利润总额为200万元，那么该产品分担的固定成本应（　　）。

A.不高于500万元　　B.不低于500万元

C.不低于400万元　　D.不高于400万元

二、多项选择题

1.以下有关企业现金余额的说法中，不正确的有（　　）。

A.现金余额越多越好，以防止出现支付困难

B.现金余额越少越好，应该进行投资，以获得回报

C.现金余额在偿还了利息和借款成本之后仍超过现金余额上限的部分，可以用于投资有价证券

D.如果现金收支差额为负值，可暂缓还本付息或向银行借款

2.在下列各项中，被纳入现金预算的有（　　）。

A.经营性现金收入　　B.经营性现金支出

C.资本性现金支出　　D.现金收支差额

3.下列预算的编制与生产预算有直接联系的有（　　）。

A.直接材料预算　　B.变动制造费用预算

C.管理费用预算　　D.直接人工预算

4.零基预算的优点包括（　　）。

A.不受基期费用水平的束缚

B.可充分挖掘内在潜力，增强预算的应用能力

C.有利于有效地分配资源

D.工作量小

5.固定预算方法的缺点有（　　）。

A.过于机械、呆板　　B.工作量大

C.可比性差　　D.编制时间较长

6.财务预算具有的功能包括（　　）。

A.规划、沟通和协调　　B.资源分配

C.绩效评估　　D.营运控制

7.在日常业务预算中，编制产品成本预算的基础包括（　　）。

A.生产预算　B.直接材料消耗及采购预算

C.制造费用预算　D.直接人工预算

8.编制弹性利润预算的方法包括（　　）。

A.公式法　B.列表法　C.因素法　D.百分比法

9.在财务预算中的预计财务报表包括（　　）。

A.预计利润表　B.预计资产负债表

C.预计现金流量表　D.预计产品成本表

10.生产预算是编制（　　）的依据。

A.直接材料预算　B.直接人工预算　C.产品成本预算　D.现金预算

11.产品生产成本预算，是（　　）的汇总。

A.销售及管理费用预算　B.直接材料预算

C.直接人工预算　D.制造费用预算

12.在下列项目中，属于生产预算内容的有（　　）。

A.预计销售量　B.预计期末存货量

C.期初存货量　D.预计消耗量

13.从实用角度看，弹性预算主要用于编制（　　）。

A.专门决策预算　B.成本预算

C.利润预算　D.销售费用、管理费用预算

14.在下列预算中，能够既反映经营业务又反映现金收支内容的有（　　）。

A.销售预算　B.生产预算

C.直接材料消耗及采购预算　D.制造费用预算

15.在下列各项中，属于日常业务预算内容的有（　　）。

A.生产预算　B.产品成本预算　C.现金预算　D.制造费用预算

16.编制预计资产负债表的依据包括（　　）。

A.现金预算　B.专门决策预算　C.日常业务预算　D.预计利润表

17.在下列各项中，属于滚动预算的优点的有（　　）。

A.透明度高　B.及时性强　C.连续性　D.完整性

18.不能够同时以实物量指标和价值量指标分别反映企业经营业务和相关现金收入或支出的预算有（　　）。

A.现金预算　B.销售预算　C.生产预算　D.直接人工预算

三、判断题

1.编制弹性利润预算的因素法适用于多品种经营的企业，但必须假定销售收入百分比的上下限均不突破相关范围。（　　）

2.在编制弹性成本预算时，业务量可以选择历史最高业务量和最低业务量为其上下限。（　　）

3.全面预算是根据企业目标所编制的经营、资本、财务等年度收支总体计划。（　　）

4. 从理论上讲，弹性预算只适用于编制成本费用预算和利润预算。 ( )

5. 在各项预算中，构成全面预算体系最后环节的是专门决策预算。 ( )

6. 管理费用多属于固定成本，所以，管理费用预算一般是按项目反映全年预计水平。 ( )

7. 投资决策预算也称资本支出预算，往往涉及长期建设项目的资金投入与筹措等，并跨年度，因此除个别项目外一般不纳入业务预算和现金预算。 ( )

8. 在日常业务预算中的所有预算都能够同时反映经营业务和现金收支活动。 ( )

9. 经营决策预算的主要目标是通过制定最优生产经营决策和存货控制决策来合理地利用或调配企业经营活动所需要的各种资源。 ( )

10. 资本支出预算是根据经过审核批准的各个长期投资决策项目编制的，它实际上是对决策选中方案的进一步规划。 ( )

11. 在编制制造费用预算时，应将固定资产折旧费剔除。 ( )

12. 财务预算是关于企业在未来一定期间内财务状况和经营成果以及现金收支等价值指标的各种预算的总称。 ( )

13. 在编制零基预算时，应以企业现有的费用水平为基础。 ( )

14. 销售费用、管理费用预算是根据生产预算来编制的。 ( )

15. 销售量和单价预测的准确性直接影响企业财务预算的质量。 ( )

16. 预计资产负债表是以本期期初实际资产负债表各项目的数字为基础，作必要的调整来进行编制的。 ( )

17. 预算比决策估算更细致、更精确。 ( )

18. 生产预算是在日常业务预算中唯一仅以实物量作为计量单位的预算，不直接涉及现金收支。 ( )

四、计算分析题

1. 某企业装配车间的正常年生产能力的机器工作小时为6 000小时，有关制造费用的资料见表7-1。

表7-1 制造费用相关资料

费用项目	变动费用率（元/小时）	固定费用（元）
间接材料	15	1 200
间接人工	3	48 000
维修费用	3	3 600
水电费	2	2 400
折旧费		90 000
办公费		1 800
其他费用		5 400
小　计	23	152 400

要求：

（1）若2024年的生产能力预计为5 400小时，计算确定装配车间的制造费用预算。

（2）若2024年的生产能力预计为6 600小时，固定费用中的折旧费将增长5%，计算确定装配车间的制造费用预算。

2.某企业编制的某年利润弹性预算的有关资料见表7-2。

表7-2　利润弹性预算有关资料　单位：元

项　目	预　算	备　注
销售收入	800 000	
销售成本	450 000	其中：固定制造费用80 000
销售费用、管理费用	160 000	其中：固定销售及管理费用85 000

要求：

（1）计算该年边际贡献的预算数。

（2）计算该年利润的预算数。

3.某企业生产和销售A产品，预算期为2024年的四个季度，预计销售量分别为1 000件、1 500件、2 000件和1 800件；A产品的预计售价为100元/件。假设在每季度的销售收入中，本季度收到现金60%，另外40%要到下季度才能收回。上年年末应收账款余额为60 000元。

要求：

（1）计算各季度销售收入的预算数。

（2）计算各季度现金收入的预算数。

（3）计算年末应收账款的预算数。

4.某企业只生产B产品，预算期为2024年的四个季度，预计销售量分别为2 000件、1 800件、2 400件和2 200件；年初结存量为400件；预计各季度期末结存量为下一季度销售量的20%；预计2024年第一季度销售量为2 100件。假设该产品只耗用一种材料，每件产品耗用材料5千克；预计每季度末材料库存量分别为3 000千克、3 200千克、3 600千克、3 400千克；材料售价为3元/千克；材料采购货款的60%在本季度内付清，另外40%在下季度付清；年初应付账款10 000元在第一季度付清，年初材料结存量为2 800千克。

要求：

（1）计算各季度材料采购量的预算数。

（2）计算各季度采购材料现金支出的预算数。

5.某企业为编制销售费用、管理费用预算收集的有关资料见表7-3。

表7-3 销售费用、管理费用预算资料 金额单位：元

项　　目	变动费用率（按销售收入）	第一季度	第二季度	第三季度	第四季度
预计销售收入		300 000	320 000	350 000	400 000
变动销售费用、管理费用					
销售佣金	1%	3 000	3 200	3 500	4 000
运输费	1.5%	4 500	4 800	5 250	6 000
广告费	3%	9 000	9 600	10 500	12 000
固定销售费用、管理费用					
工资、薪金		30 000	30 000	30 000	30 000
办公用品		3 000	3 000	3 000	3 000
折旧费		6 000	6 000	6 000	6 000
其　他		5 000	5 000	5 000	5 000

要求：

（1）计算各季度销售费用、管理费用预算数。

（2）计算全年销售费用、管理费用现金支出预算数。

6. 某企业拟编制2024年9月份的现金收支预算。预计2024年9月初现金余额为9 000元；月初应收账款为40 000元，预计可收回60%；本月销售收入200 000元，预计现销比例为40%；本月采购材料40 000元，预计现付比例为50%；月初应付账款30 000元需在月内全部付清；月内需支付工资35 000元、制造费用18 000元、销售费用13 000元、管理费用36 000元；购置设备需支付现金20 000元。企业现金不足时，可向银行借款，借款金额为2 000元的倍数；现金多余时可购买有价证券。企业月末现金余额不应低于8 000元。

要求：

（1）计算本月经营现金收入。

（2）计算本月经营现金支出。

（3）计算本月现金收支差额。

（4）确定最佳资金筹措或运用数。

（5）确定现金月末余额。

五、综合题

1. 某企业A产品在预算年度的销售量在30万件到70万件之间波动，销售单价为80元，单位变动成本为56元，A产品应分担的年固定成本为600万元。

要求：

（1）以10万件为销售量的间隔单位，按因素法编制A产品利润弹性预算，填写表7-4。

表7-4

利润弹性预算表

销售量（万件）	30	40	50	60	70
单价（元/件）					
单位变动成本（元/件）					
销售收入（万元）					
减：变动成本（万元）					
边际贡献（万元）					
减：固定成本（万元）					
营业利润（万元）					

（2）若该企业各种产品年度销售业务为100%时的销售收入为14 000万元，变动成本为9 800万元，企业年固定成本总额为3 000万元，按销售百分比法，以10%为间隔编制该企业的销售业务量从70%到110%的利润弹性预算，填写表7-5。

表7-5

利润弹性预算表

销售收入百分比	70%	80%	90%	100%	110%
销售收入（万元）					
减：变动成本（万元）					
边际贡献（万元）					
减：固定成本（万元）					
营业利润（万元）					

2. 某企业生产和销售A产品，预算期为2024年的四个季度，预计销售量分别为1 000件、1 500件、2 000件和1 800件；A产品的预计售价为每件100元。假设在每季度的销售收入中，本季度收到现金60%，另外40%要到下季度才能收回，上年年末的应收账款余额为62 000元，该企业适用的增值税税率为13%，城市维护建设税税率为7%，教育费附加的征收率为3%（不考虑地方教育附加）。

要求：

（1）编制2024年销售预算表（见表7-6）。

（2）编制2024年预计现金收入表（见表7-7）。

（3）确定2024年年末应收账款余额。

（4）该企业2023年的不含税销售收入为500 000元，销售利润率为30%，材料成本占总成本的百分比为60%，假定该企业生产所使用的材料都是在当期采购的，该企业应交增值税占收入的比例基本稳定，按简捷法计算该企业应交增值税估算率。

表7-6

2024年销售预算表

项　目	第一季度	第二季度	第三季度	第四季度	全年合计
预计销售量（件）					
预计单位售价（元/件）					
销售收入（元）					
增值税销项税额（元）					
含税收入（元）					

表7-7

2024年预计现金收入表

单位：元

项　目	第一季度	第二季度	第三季度	第四季度	全年合计
上年年末应收账款					
第一季度（含税收入）					
第二季度（含税收入）					
第三季度（含税收入）					
第四季度（含税收入）					
现金收入合计					

（5）用简捷法编制2024年应交税费和税金及附加预算表（见表7-8）。

表7-8

2024年应交税费和税金及附加预算表

单位：元

项　目	第一季度	第二季度	第三季度	第四季度	全年合计
应交增值税					
税金及附加					
现金支出合计					

3.A公司根据销售预测，对某产品预算年度的销售量作如下预计：第一季度为5 000件，第二季度为6 000件，第三季度为8 000件，第四季度为7 000件，每个季度的期末存货量应为下一季度预计销售量的10%。若年初存货量为750件，年末存货量为600件，单位产品材料消耗定额为2千克/件，单位产品工时定额为5小时/件，单位工时的工资额为0.6元/小时。

要求：

根据以上资料编制该公司的生产预算、材料消耗预算和直接人工预算，填写表7-9。

表7-9　生产预算、材料消耗预算和直接人工预算表

项　　目	第一季度	第二季度	第三季度	第四季度	全年合计
预计销售量（件）					
加：预计期末存货量（件）					
减：期初存货量（件）					
预计生产量（件）					
单位产品材料消耗定额（千克/件）					
预计直接材料消耗量（千克）					
单位产品工时定额（小时/件）					
预计生产需要定额工时总量（小时）					
单位工时的工资额（元/小时）					
预计直接人工成本（元）					

4.A公司生产和销售甲产品，6月份现金收支的预计资料如下：

（1）6月1日的现金余额为510 000元。

（2）产品售价为100元/件（不含税），4月份销售10 000件，5月份销售12 000件，6月份预计销售15 000件，7月份预计销售20 000件。根据经验，商品售出后当月可收回货款的40%，次月收回55%，另外5%为坏账。

（3）材料采购成本为2元/千克，产品消耗定额为10千克/件；材料采购货款当月支付70%，下月支付30%。编制预算时月底产成品存货为次月销售量的10%。5月末的实际产成品存货为1 500件，应付账款余额为30 000元。5月末的材料库存量为2 000千克，6月末的预计材料库存量为7 000千克。

（4）6月份需要支付的直接人工工资为650 000元、管理人员工资为280 000元，（其中有60 000元是生产管理人员工资）；需要支付的其他管理费用为45 000元、制造费用为12 000元；需要支付的销售费用为64 000元。

（5）支付的应交税费和税金及附加占不含税销售收入的比例为8%，增值税税率为13%。

（6）预计6月份将购置设备一台，支出700 000元，需当月付款。

（7）预交所得税20 000元。

（8）现金不足时可从银行借入，借款额为10 000元的倍数，利息在还款时支付。期末现金余额不少于500 000元。

要求：

（1）预计6月份的生产量。

（2）预计6月份的材料需用量和材料采购量。

（3）预计6月份的采购成本和采购金额。

（4）预计6月份的采购现金支出。

（5）预计6月份的经营现金收入。

（6）编制6月份的现金预算表，填写表7-10。

表7-10

现金预算表

单位：元

项　　目	金　　额
期初现金余额	
经营现金收入	
可运用现金合计	
经营现金支出：	
采购现金支出	
支付直接人工	
支付制造费用	
支付销售费用	
支付管理费用	
支付应交税费和税金及附加	
预交所得税	
资本性现金支出：	
购置固定资产	
现金支出合计	
现金余缺	
借入银行借款	
期末现金余额	

5. 某企业的一车间，年生产甲产品的能力为30 000件，单位产品工时定额为2小时/件，2024年有关制造费用资料见表7-11。

表7-11

制造费用资料

单位：元

项　目	每小时变动费用	全年预算固定成本	全年实际费用（33 000件）
间接材料	0.50	11 000	26 340
间接人工	0.30	3 000	15 050
电力	0.18	2 000	8 800
修理费	0.12	4 000	7 200
折旧		9 000	10 000
其他		5 000	6 000
合计	1.10	34 000	73 390

如果年产量达到正常生产能力的110%，则固定成本中的间接材料将增加1%，修理费用将增加5%，折旧将增加10%。

要求：

（1）根据上列资料，按正常生产能力的90%、100%、110%、120%分别编制制造费用弹性预算表。

（2）编制2024年弹性预算执行报告。

补充阅读资料

资料一

公司如何实施全面预算管理？

一、什么预算管理和全面预算管理？

预算管理是指企业在战略目标的指导下，对未来的经营活动和相应的财务结果进行充分、全面的预测和筹划，并通过对执行过程的监控，将实际完成情况与预算目标不断对照和分析，从而及时指导经营活动的改善和调整，以帮助管理者更加有效地管理企业和最大限度地实现战略目标。全面预算管理是利用预算对企业内部各部门、各单位的各种财务及非财务资源进行规划、分配、控制和考核评价，以便有效地组织和协调企业的生产经营活动，完成既定的经营目标。全面预算体系主要包括经营预算、资本预算和财务预算三个组成部分。经营预算是对公司整体经营活动的一系列量化的计划安排，它能实现战略的延续。经营预算与战略计划共同整合成为一个计划流程框架，在战略计划的指导下先作出经营计划，在经营计划明朗后作出相应的预算计划。

二、全面预算管理的作用

全面预算管理是提升企业管控的重要手段，其作用主要体现在以下几个方面：

（一）把抽象的中长期战略目标和计划分解、细化，进而落实下去。企业有战略规划，有发展目标，但这往往给人假大空的印象。管理层的责任就是一方面保持公司的正常运转，另一方面把握好战略方向，推进企业发展。这时候全面预算就是个有效的管理工具，它可以先把中长期的目标转化成短期目标（同时大方向不变），再分配给各部门，最后到每个员工，使企业目标更明确、更具体、更具有可操作性，从而保障战略目标的落地和实现。

（二）把有限的资源进行优化整合，提高管理效率。通过预算，公司可以优化资源配置（主要是人力资源和财务资源），协调分配各部门所需要的资源。各部门都有自己的利益诉求，为了完成任务都想尽可能地多占据资源，通过全面预算管理可以从战略的角度协调各部门的利益关系，把各方面工作都纳入到一个目标中来。事实上，这也是全面预算让部分经营者诟病的地方，他们认为这会束缚公司的创新和应变能力，让人变得不会思考。

（三）通过预算把计划和目标传达下去，成为各部门之间有效沟通的工具。全面预算有个基本功能就是控制和约束业务行为，有了预算公司就有一套公认的“游戏规则”。这在公司快速发展时期尤为重要。这时预算就是上下级之间沟通意见的工具，有了这个工具，下属对上级的观点和要求得以清晰了解，通过了解，下级的工作意愿得到激发和实现。所以说全面预算可以成为沟通公司上下各级意见的桥梁。

（四）全面预算是绩效考核的主要依据。没有全面预算的企业经常会面临一个难题：业务部门有任务、有目标，年终考核按任务来很好操作，可对后勤管理部门比如财务部、办公室等事先没有下达过任务，年终无法衡量其工作成绩，也就没有办法进行考核，最后只有让相关人员拿业务人员的平均奖。业务人员心理不平衡：我们辛苦做事压力巨大，完不成任务还要扣钱，而后勤部门却没有任何任务压力。

三、集团公司全面预算管理的总体要求

与单体公司相比，集团公司更应该建立一套完整的全面预算管控体制。集团公司全面预算管理的总体要求包括：集团总部以投资中心身份，根据整体发展战略结构以及阶段性目标提出拟决策方案的总体预算框架，然后借助由上至下、由下而上、上下结合的预算组织程序，从市场竞争强度以及人力资源、生产资料资源、技术信息资源、管理资源等各项经济资源有效支持能力角度，对拟决策方案进行全面分析、分解、论证与上下反馈、沟通、协调。一旦所拟方案为集团总部确定，并且具体落实为各层级成员企业、责任单位、责任人的责任预算或责任目标时，便具有了一种强制性约束效力，必须调动一切潜能严格实施，竭力达成。预算编制完成之后，各项预算目标就成为各责任中心和每一位员工的工作目标，这就要求在执行过程中必须以预算为标准进行严格的控制，支出性项目必须严格控制在预算之内，收入项目务必要完成预算，以确保目标利润的实现。在预算执行过程中要求定期提交预算报告，预算报告的填报必须细化，以保证这个体系的产能达到经营目标，因为产能目标是最为关键的，财务目标只是另一种体现。

在实际推行全面预算管理工作中发现，许多集团公司全面预算管理的实施效果不佳。其主要原因是没有事先建立一个统一的预算管理体系，各级管理部门对预算没有足够的重视，事前计划简单粗放、事中缺乏监督控制、事后没有绩效考核，最后结果就是有预算却难以落实。

四、如何做好全面预算管理？

（一）加深对全面预算的认识。一提到全面预算都会强调它是全员参与、全方位覆盖、全过程控制的管理过程。全员参与是指上到公司负责人，下到车间工人，各层级员工都必须参与到预算管理中去，而不仅仅是领导和财务人员参加；全方位覆盖是指公司的一切生产经营管理活动必须全部纳入预算管理，包括生产经营、采购销售、投资融资、人事管理等，强调的是整体性概念，每个管理人员都有机会参与到预算管理中，成为决策的一分子；全过程控制是指企业的各项经营活动，包括事前、事中、事后每一个环节的控制都要纳入到预算管理体系中。现代企业管理是分权式的管理，预算代表了各级管理者对上级的承诺，是一个全面、综合的评价体系，通过这个体系可实现对公司全体成员的激励和制约。

（二）有效实施全面预算管理。（1）制订切实可行的战略规划、公司目标。战略规划和公司目标是一体的，先有战略，进而分解出年度经营目标、计划，最后形成年度预算。中间有任何一个链条断开，那预算就会变成可望而不可及的事。总结起来就是经常被提到的预算管理“四位一体”的思想：公司决策层的战略规划、公司经营部门的业务计划、公司财务部门的财务预算和人力资源部门的业绩评估合为一体，整合成有效的公司核心管理模式。(2) 从业务的角度出发，强化财务信息与业务信息的关联性。现实中全面预算失败的案例有很多，主要原因之一是财务部门与业务部门之间的冲突没有处理好。作为主导预算实施的部门，财务部门往往只会从财务角度看问题，强调预算的控制作用，却忽略了业务发展需要创新，市场环境会快速变化。给业务部门的印象是财务部门不能切合实际，只会自导自演、自娱自乐。所以财务人员要打破业务与财务之间的壁垒，协调预算安排与业务发展之间的目标冲突，保证预算编制的科学性和可行性。(3) 做好预算的监控与调整工作。企业处于市场竞争的环境中，预算执行过程中出现偏差是一种常态，预算管理人员应对预算执行情况及时反馈，并进行差异分析。可以设置合理的预警范围，通过指标对比实现对预算偏差的严密监控，从而有效地防范风险。有偏差就会有调整，预算调整是指在预算执行时，由于客观环境的变化或企业内部结构调整、人员变化等，使得原有预算失去客观性，需要对原有目标进行重新修改。预算调整的前提是不利因素客观存在且通过其他手段已无法弥补。预算调整通常是自下而上进行的，是很严肃的事，必须经过一定流程和审批手续方可进行。

（三）要建立一个全面预算管理信息平台。任何管理活动都是对信息收集、挖掘、分析和运用的过程。全面预算强调对信息的整合，所以预算管理的全过程都需要信息技术的支持。现在的管理者可以从编制预算时就把各种需要的数据输入电脑，得出各种不同的预算方案，通过比较制订出最适合自己企业的方案。信息的快速传递可以极大地节省管理时间和管理成本。系统可以通过对费用、成本的预算控制产生强有力的约束，提高预算执行控制的效率。最后对预算差异的分析也更快、更准，考核当然也更合理。

资料来源　佚名. 预算管理是怎么回事？公司全面预算如何实施？[EB/OL]. [2019-09-11]. https：//zhuanlan.zhihu.com/p/81693416

资料二

如何走出全面预算管理的困惑？

预算作为企业的一个管理工具，很难做到一蹴而就，成功的全面预算管理似乎只能出现在书本的理论中，现实操作起来总是困难重重，不是出现在编制环节，就是在预算执行环节，如何量入为出，合理配置资源、降本增效，真正发挥全面预算管理的功能，是我们财务人员值得思考的问题。

困惑一：全面预算编制是财务部门的事吗？答案是否定的。全面预算在预算前冠以“全面”二字，主要有三层含义：基础环境全员参与、业务范围全面覆盖、管理流程全面覆盖。从“全面”二字的含义理解，财务部门作为公司的一个职能部门，预算的编制工作主要由其开展，但其他业务部门也要广泛参与。其他业务部门参与度较低，可能会导致编制的预算不切合企业的实际情况，体现在编制的范围和项目不全面，编制依据的相关信息不足，与各部门预算之间缺乏整合，导致全面预算整体难以形成。

“全面”二字，即是对公司业务、流程、行业等一个广而深的要求，财务人员要明白自己在全面预算管理中扮演的角色，不要独揽整个全面预算管理的全过程。《企业内部控制指引第15号——全面预算》明确指出全面预算的组织工作领导是公司的最高决策机构，即股东会。故要由决策层重视并号召各业务部门积极参与，树立预算理念，建立成本意识。全员参与，即是财务部门不能闭门造车，要与各业务部门加强沟通与协调。

困惑二：全面预算就是提交预算表？全面预算的编制环节分为编制、审批、下达。在现实操作中，有些企业的全面预算没有经过审批，体现在审批与下达环节做得不到位，年度预算没有以文件的形式下发，导致预算失去权威性，预算执行或预算考核无据可查。此时建议采用刚性管理。企业全面预算应当按照《公司法》等法律法规及企业章程的规定报经审议批准后及时以文件形式下达执行。

困惑三：全面预算重编制、轻管理，预算为何流于形式？传统的预算管理主要强调预算编制，而对预算的执行与控制不够。实际上，编制预算并非资源的实际投入，只有当企业在进行业务活动时提出资源需求并付诸实施时，资源才算真正投入、真正发挥作用。有预算编制而无预算控制，使预算流于形式，就难以实现预算目标。全面预算的执行是把预算目标变成行动的一种方式，预算控制就是通过过程监督、信息反馈、预算调整等方法促进预算执行不偏离预算目标的一种行为。因此，企业管理应刚柔并济，既要有严格的制度管理，也要有充满人情味的人本管理，二者相辅相成。

刚性的管理运用在指标细化分解及责任落实。制度细化可以保证企业各项管理活动有章可循；责任细化可以提高工作效率，防止扯皮；费用细化有利于成本分析，寻求降低成本的途径；指标和定额的细化有助于预算执行结果的考核和对员工的激励。其中制度包括但不限于预算执行预警机制、预算执行责任制度、预算执行实时监控制度、重大事项预算项目特别关注制度、预算执行情况分析制度。在实际控制中，对于一些重大项目的支出，要仔细审核其支出的合理性，预算内的资金拨付，按授权审批程序执行；对于预算外的项目支出，应按预算管理制度的规定，按程序审批支付；对于无合同、无凭证、未经程序审批的项目支出，不予支付。通过刚性控制保障某些项目（如投资项目等重要的资本预算项目）不超预算。对与日常经营相关的业务，如管理费用中的业务招待费、办公费等，可以采用质疑、警示等柔性控制方式来提醒相关人员，促使相关人员查找预算差异的原因，提高资源使用的效率与效果，实现预算控制目标。

柔性的管理体现在以人为本，内在激励。我们要做好协同管理，要有团队意识，倡导公司全员直接或间接参与预算管理全过程，积极地为预算管理献计献策，为预算工作的顺利推进奠定深厚的群众基础，在预算的调整中要做到柔性管理，根据内外部环境的变化作出适宜的调整，以保证企业经营目标的完成。

全面预算管理做得好，可以促使企业战略更好地“落地”，进而提升战略管理能力，有效管理经营风险。作为财务人员，我们要善于运用全面预算管理这一管理工具，明白自己在全面预算管理中所扮演的角色，关注全面预算业务内部控制的目标和主要风险点，运用好全面预算的刚性控制与柔性控制，与各业务部门携手共进，使企业的预算管理实现高效运作，不浪费人、财、物等资源。

资料来源　佚名. 财务如何走出全面预算管理的困惑，全面预算编制是财务部门的事吗？[EB/OL]. [2021-05-10]. https：//www.sohu.com/a/465572385_100089454.

第八章

财务控制

学习目的和要求

了解财务控制的作用，财务控制的种类；掌握财务控制的概念，责任中心的概念与特征，成本中心、利润中心及投资中心的概念、特征、类型与评价指标；熟练掌握责任预算及责任报告的编制。

重点和难点

重点：财务控制的概念，责任中心的概念与特征，成本中心、利润中心及投资中心的概念、特征、类型与评价指标，责任预算及责任报告的编制。

难点：责任预算及责任报告的编制。

预习提示

1. 针对已经制定好的财务预算，企业如何使其财务活动能够按照财务预算实施？

2. 为了有效地进行财务控制，我们进行了责任预算、责任报告的编制和业绩考核，有这些手段是不是就足够了呢？为了分清内部的业绩水平，还应该进行哪些工作？

通过本章的学习，你将能对上述问题有比较清楚的认识。

习　题

一、单项选择题

1. 在财务控制中为了实现有利结果而采取的控制，指的是（　　）。

A.侦查性控制　B.预防性控制　C.补偿性控制　D.指导性控制

2.在下列财务控制要素中，决定财务控制目标能否实现的关键因素是（　）。

A.目标设定　B.控制环境　C.控制活动　D.监控

3.预算总额审批的控制方法一般适合于（　）。

A.标准成本中心　B.费用中心　C.利润中心　D.投资中心

4.成本中心包括两种类型，在技术上投入量与产出量之间没有直接联系的是（　）。

A.技术性成本　B.酌量性成本　C.全部成本　D.预算成本

5.具有独立或相对独立的收入和生产经营决策权，并对成本、收入和利润负责的责任中心是（　）。

A.成本中心　B.利润中心　C.投资中心　D.预算中心

6.在投资中心的主要考核指标中，可以正确引导投资中心的经营管理行为，使其长期化的指标是（　）。

A.可控成本　B.剩余收益　C.投资利润率　D.利润总额

7.某投资中心的投资额为100 000元，企业加权平均的最低投资利润率为18%，剩余收益为15 000元，则该中心的投资利润率为（　）。

A.15%　B.33%　C.35%　D.18%

8.某公司某部门的有关数据为：销售收入50 000元，已销产品的变动成本和变动销售费用30 000元，可控固定间接费用2 500元，不可控固定间接费用3 000元。那么，该部门的利润中心负责人可控利润为（　）元。

A.20 000　B.17 500　C.14 500　D.10 750

9.在下列各项责任预算指标中，属于主要责任指标的是（　）。

A.劳动生产率　B.设备完好率　C.投资利润率　D.材料消耗率

二、多项选择题

1.在下列各项中，属于揭示投资中心特点的表述有（　）。

A.是最高层次的责任中心　B.具有投资决策权

C.承担最大的责任　D.一般不是独立法人

2.利润中心需要对（　）负责。

A.收入　B.投资收益　C.利润　D.成本费用

3.财务保全控制的措施主要包括（　）。

A.限制接触财产　B.定期盘点清查

C.财产保险　D.财产记录保护和监控

4.下列属于财务控制特征的有（　）。

A.以作出决策为最终奋斗目标　B.以价值形式为控制手段

C.以综合经济业务为控制对象　D.以控制日常现金流量为主要内容

5.投资利润率可以进一步分解为（　）三个相对数指标之积。

A.资本周转率　B.销售成本率

C.贡献毛利率　D.成本费用利润率

6. 下列属于预防性控制措施的有（　　）。
A. 通过账账核对、实物盘点，以发现记账错误和货物短缺
B. 通过有关财务指标的分析识别存在的财务风险
C. 企业要求任何业务尤其是货币资金收支业务不能由某一岗位或某一个人包办
D. 要求企业所有人员不经合法授权，不能行使相应权利
7. 一个有效的独立检查控制应当满足的条件包括（　　）。
A. 财务权利的行使必须接受定期独立检查
B. 检查工作由一个和原业务活动、记录、保管相独立的人员来执行
C. 不管采用全部复核还是抽样复核，复核工作须经常进行
D. 错误和例外必须迅速传达给有关人员以便更正
8. 下列属于不相容职务，需要分离的有（　　）。
A. 经营责任与记账责任相分离　B. 业务执行与记录职务相分离
C. 记录总账与明细账职务相分离　D. 业务授权与执行职务相分离
9. 影响部门剩余收益的因素有（　　）。
A. 支付股利　B. 销售收入　C. 投资额　D. 资金成本率
10. 作为评价投资中心业绩的指标，“剩余收益”的优点包括（　　）。
A. 可以使业绩评价与企业目标保持一致
B. 能够体现投入产出关系
C. 能反映投资中心的综合盈利能力
D. 具有横向可比性
11. 在下列表述中，正确的说法有（　　）。.
A. 高层责任中心的不可控成本，对较低层次的责任中心来说，一定是不可控的
B. 低层次责任中心的不可控成本，对较高层次的责任中心来说，一定是可控的
C. 某一责任中心的不可控成本，对另一个责任中心来说可能是可控的
D. 某些从短期看属不可控的成本，从较长的期间看，可能又成为可控成本
12. 适合建立酌量性成本中心进行成本控制的单位有（　　）。
A. 生产企业的车间　B. 餐饮店的制作间
C. 行政管理部门　D. 研究开发部门

三、判断题

1. 经营者财务控制是为了实现资本保全原则和资本增值目标而进行的控制。（　　）

2. 按照成本费用的构成，成本控制分为事前成本控制、事中成本控制和事后成本控制。（　　）

3. 成本中心的变动成本一定是可控成本，而固定成本一定是不可控成本。（　　）

4. 独立检查控制是指将处理某种经济业务所涉及的职责分派给不同的人员，使每个人的工作都是对其他有关人员工作的一种自动检查。（　　）

5. 企业职工个人不能构成责任实体，因而不能成为责任控制体系中的成本中心。（　　）

6. 只有既划清责任又能进行单独核算的企业内部单位，才能作为一个责任中心。（　）

7. 对一个企业而言，变动成本和直接成本大多是可控成本，而固定成本和间接成本大多是不可控成本。（　）

8. 某项会导致个别投资中心的投资利润率提高的投资，一定会使整个企业的投资利润率提高；某项会导致个别投资中心的剩余收益指标提高的投资，不一定会使整个企业的剩余收益提高。（　）

9. 按控制的依据分类，可将财务控制分为预算控制和制度控制。预算控制具有防护性，制度控制具有激励性。（　）

10. 责任报告应当按公司、分厂、车间、班组的层次顺序逐级编制。（　）

四、计算分析题

1. 表8-1显示了A、B、C三家公司的部分资料。

表8-1　A、B、C三家公司的相关资料

项　目	A公司	B公司	C公司
净利润（元）	33 000	1 150	800
净资产平均占用额（元）	300 000	10 000	8 000
规定的最低投资报酬率	10%	10%	10%

要求：

（1）计算各公司的投资利润率。

（2）计算各公司的剩余收益。

（3）对各公司的业绩进行评价。

2. 甲企业的A部门为利润中心，利润中心销售收入为110万元；利润中心销售产品的变动成本和变动销售费用为60万元；利润中心负责人可控固定成本为10万元；利润中心负责人不可控而应由该中心负担的固定成本为15万元。

要求：

（1）计算该利润中心贡献毛益总额。

（2）计算该利润中心负责人可控利润总额。

（3）计算该利润中心可控利润总额。

3. 某商场下设一服装部，2024年实现销售收入200万元，变动成本率为60%，固定成本为30万元，其中，折旧费为10万元。

（1）若该服装部为利润中心，固定成本中只有折旧费是部门经理不可控的，折旧费以外的固定成本为部门经理的可控成本。

要求：

① 计算该利润中心贡献毛益总额。

② 计算该利润中心负责人可控利润总额。

③ 计算该利润中心可控利润总额。

（2）若该服装部为投资中心，其所占用的总资产平均额为100万元，假设该商场要求的最低投资报酬率为15%。请考核该部门业绩。

4.某公司的销售公司（利润中心）2023年有关资料为：销售收入为300万元，变动成本费用率为60%，公司的固定成本总额为27万元，其中不可控固定成本为15万元，总公司分配的上级管理费用为8万元。

要求：

（1）计算公司经理贡献毛益。

（2）计算公司贡献毛益。

（3）计算公司税前利润。

5.某公司下设的A分公司2023年营业利润为60万元，平均经营资产为200万元，总公司决定2024年追加投资100万元用于扩大A分公司的经营规模，预计当年可增加营业利润24万元，总公司规定的最低投资报酬率为20%。

要求：

（1）计算A分公司2023年的投资报酬率和剩余收益。

（2）计算A分公司2024年追加投资后的剩余收益。

6.A公司下设甲、乙两个投资中心。甲投资中心的投资额为200万元，投资报酬率为15%；乙投资中心的投资报酬率为17%，剩余收益为20万元。A公司要求的最低投资报酬率为12%。A公司决定追加投资100万元，若投向甲投资中心，每年可增加利润20万元；若投向乙投资中心，每年可增加利润15万元。

要求：

（1）计算追加投资前甲投资中心的剩余收益。

（2）计算追加投资前乙投资中心的投资额。

（3）计算追加投资前A公司的投资报酬率。

（4）若甲投资中心接受追加投资，计算其剩余收益。

（5）若乙投资中心接受追加投资，计算其投资报酬率。

7.计算填列表8-2中用字母表示的项目。

表8-2 投资中心考核指标 金额单位：元

投资中心	甲	乙	丙
销售收入	500 000	（E）	450 000
销售成本费用	480 000	（F）	（I）
利润	（A）	（G）	22 500
经营资产平均占用额	（B）	100 000	90 000
经营资产周转率（次数）	（C）	3	（J）
销售利润率	（D）	（H）	（K）
投资报酬率	10%	24%	（L）

五、综合题

某公司下设A、B两个投资中心，部分资料见表8-3。

表8-3　投资中心资料

投资中心	A	B	总公司
营业利润（元）	100 000	450 000	550 000
经营总资产平均占用额（元）	2 000 000	3 000 000	5 000 000
总公司规定的最低投资报酬率	10%	10%	

现有两个追加投资的方案可供选择：

方案一：若A投资中心追加投入1 500 000元经营资产，每年将增加120 000元的营业利润。

方案二：若B投资中心追加投入2 000 000元经营资产，每年将增加290 000元的营业利润。

要求：

（1）计算追加投资前A、B投资中心的投资报酬率和剩余收益指标。

（2）计算追加投资前总公司的投资报酬率和剩余收益指标。

（3）计算A投资中心追加投资后，A投资中心以及总公司的投资报酬率和剩余收益指标。

（4）计算B投资中心追加投资后，B投资中心以及总公司的投资报酬率和剩余收益指标。

（5）根据投资报酬率指标，分别从A投资中心、B投资中心和总公司的角度评价上述追加投资方案的可行性，并据此评价该指标。

（6）根据剩余收益指标，分别从A投资中心、B投资中心和总公司的角度评价上述追加投资方案的可行性，并据此评价该指标。

补充阅读资料

现代企业财务控制方式

一、现代企业财务的宏观控制方式

1.现代企业的治理制度控制模式

现代企业财务控制的制度模式按照投资者行使权利的情况分为两种：外部人控制模式和内部人控制模式。外部人控制模式主要为欧美发达国家所采用；内部人控制模式主要是以发展中国家为代表所采用的控制模式，其主要特征是股权高度集中在内部人手中，通过公司内部的直接控制机制对管理层进行监督。因此，企业的治理制度控制是指一组联结并规范公司资本所有者、董事会、经营者、员工及其他利益相关者彼此之间权、责、利关系的制度。就广义而言，它既包括通常意义上有关公司董事会功能、结构、董事长（经理）权力及监督方面的制度安排，也包括企业的各项收益分配

激励制度、经理聘选与人事管理制度、财务制度、企业的管理结构、企业战略发展决策管理系统、企业文化和一切与企业高层控制有关的其他制度。很显然，企业财务控制制度的宗旨是更好地发挥激励机制的功能效应，绝不是单纯为控制而控制。企业集团财务控制制度与控制措施以是否有助于成员企业及其员工积极性、创造性与责任感的增强为标准，并因此在集团整体上带来更高的财务资源配置效率。所以，企业的治理制度是企业财务控制的源泉和根本，属于财务控制的高级层次，它直接影响企业的效率和发展。

2.现代企业的资本结构控制的方式

企业的资本结构是指企业的债务资本与权益资本的比例关系。一个良好的资本结构，不仅是企业集团融资来源必须遵循的配置秩序，而且对降低融（投）资风险与融资成本、提高融资的使用效率有着决定性意义，因而成为企业集团财务管理控制的核心内容。

就一般意义而言，一个企业的资本结构是否合理，主要从以下几个方面来判断：一是就资本结构本身而言，在成本、风险、约束、弹性等方面是否具有良好的特质，即成本节约、风险得当、约束较小、弹性适度。二是必须联系资本结构与投资结构的相互匹配制度作出进一步判断，即在数量及结构、期限及结构等方面彼此间是否协调对称，投资风险与融资风险是否具有互补关系等。三是必须联系未来环境的变动预期，考察资本结构与投资结构是否具有以变制变的能力等。

企业最优资本结构的选择是企业的所有者与经营者博弈的结果，也是财务控制的宏观体现。这是因为：

第一，资本结构可以传递信号。在现实财务和筹（投）资活动中，由于企业信息的非对称性，企业的筹资对投资决策产生影响，从而使筹资结构的选择对企业的现在和将来的市场价值产生影响，投资者通过了解企业的筹资决策可以判断企业的实际财务状况。如果企业过于偏重股权筹资，可能是经营不善的迹象；如果企业具有较高的负债水平，可能是一种高质量的信号。但是，如果债务比率过高又会是高风险甚至可能破产的信号。

第二，合理的资本结构可以降低企业的资本成本，由于债务利率低于股票利率，而且债务利息从税前支付，企业可以减少所得税，从而使负债筹资成本明显低于权益资本成本。因此，在一定限度内合理降低企业的综合资本成本，可以给企业所有者带来财务杠杆利益。

第三，合理的资本结构决定着企业资源配置的整体思路、基本方向和运行轨迹，决定着企业融资政策、投资政策、收益分配政策的取向标准与行为规范，决定着企业在应对市场竞争、冲破市场壁垒并谋求竞争优势时，能否从质量与数量方面提供资源集中与一体化整合优势的充分支持。上述各因素综合作用的结果是企业的营运能力。营运能力的高低不仅是企业各层次、各环节资源配置与营运效率的综合反映，同时也是财务目标实现与持续性增长的前提基础，因而成为考核企业财务宏观控制的一个重要指标。

第四，有效的市场竞争可以促使企业完善治理制度和资本结构。目前我国许多非上市公司的债务比例过高，是因为它们的经理人员不承担违约和破产风险及成本，而上市公司的企业经理偏好于股权式融资，这些都是由大量分散的投资者和证券市场的不完善造成的。于是企业经理可以按照自己的效益最大化的目标，而不是按照市场效益最大化的目标来支配所筹集起来的资金，其结果是投资人的利益受到损害。在市场充分竞争的条件下，企业治理结构不完善，资本结构失衡，必然导致企业效益低下。企业效益低下就会有被市场淘汰出局的危险，因此现代企业必须建立完善的企业治理制度的约束机制和合理的资本结构，才能在激烈的市场竞争中求生存、求发展，才能保住经理的控制权及员工的饭碗。所以，有效竞争可以促使企业改善治理制度和资本结构，加强企业集团的内部财务控制，是提高企业业绩的一条重要途径。

3.外部审计控制

外部审计是投资者对企业实施财务控制的另一途径。在所有权与经营权相分离的条件下，投资者等相关利益人对企业的了解大多只能通过财务报表所提供的信息来作出自己的判断。如果财务报表信息失真，那么所有决策都会因此而付出代价。虽然世界各国都有专门的法规、准则和制度对企业财务信息的提供加以规范，但由于企业的会计人员是本企业的白领（内部人），也会存在机会主义行为。如何保证企业会计信息的公正性和真实性，就成为投资者最为关切的问题。投资者可以通过聘请具有专门技能，以独立、客观、公正为己任的注册会计师对企业实施审计来解决这个问题。所以，外部审计就成为投资者间接控制企业的一种手段。由于外部审计主要是财务审计，是对企业执行国家经济政策、商务法律、财务制度，以及是否维护投资者及相关利益人权益进行的一种报表及其相关制度的审查，因此，外部审计是企业最直接的财务宏观控制方式，是企业治理制度发挥作用最直接的表现。

以上各种宏观控制方式虽然各有特点，但独立发挥的作用有限，它们之间互相影响、共同作用。完善治理制度和优化资本结构要借助于财务信息的有效传递（经过审计公认），而合理的资本结构成为调节投资者、经理人以及企业员工之间利益的杠杆，从而直接对企业的治理结构产生影响。同样，完善的企业治理制度会在制度上保证企业资本结构的优化和财务信息的公正性与真实性，从而减少投资者监督经理人的成本，实现企业的理财目标。

二、现代企业财务的微观控制方式

1.健全、完善现代企业的财务会计制度

健全、完善的现代企业财务会计制度是企业财务活动能够正常进行的基本保证，企业的资金只有在各个运行环节上得到合理控制，才能防止被恶意占用或无意滥用，从而为资金的有效使用提供制度条件。所以，建立健全企业的财务会计制度是进行财务微观控制的首要工作。一个合理的财务会计制度体系应该包括以下内容：（1）货币资金及相关业务的控制制度；（2）企业资产管理和处置的控制制度；（3）投融资风险控制制度；（4）企业绩效考评制度；（5）企业内部监控制度等。而保证以上制度实施运行的关键力量是完善企业的治理制度及强有力的外部审计。

2.企业财务控制的基本方式和实施过程

如何有效地聚合企业内部各项经济资源，并使之形成一种强大的、有序的聚合力，即以内部高度的有序化来对付外部茫然无序的市场环境，不仅是市场竞争的客观需要，而且直接决定着企业竞争的成败与经济效率的优劣。这种有序的管理被称为计划管理，当计划以定量的方式表现出来时，即转化为预算，企业的财务预算和财务计划不仅为企业经营者提供依据，而且还为企业资金的获取和配置提供导向。

3.现代企业财务控制的宏、微观结合

财务的宏观控制将决定财务的微观控制，而财务的微观控制又反过来影响财务宏观控制的运行。完善的企业治理制度是企业财务运行的制度基础，适当的资本结构则是企业财务稳健和有效的保证，外部审计是财务运行合理、合法的外部约束。健全的财务会计制度本身就是广义的治理制度的一个环节，财务预算和财务分析评价以及内部审计是治理制度的延伸，同时又是治理制度进一步完善的可行积累，是优化资本结构的依据。新兴的企业绩效评价方式的最终目的是提高企业的竞争力，完善治理制度，从而提高企业的价值。

我国企业的财务控制更是需要从宏观和微观相结合的角度来进行把握。从加强市场竞争、重构企业治理制度入手，引入外部财务预算的硬约束；通过市场的力量，对企业的股权、债权进行重构，同时，迅速建立市场化运营的注册会计师队伍，以便能够切实成为监控企业的“经济警察”。但这一切的实施迫切需要我国经济环境的改善，包括让金融市场、资本市场、产权市场等快速成熟，需要政府施行经济政策方式的改变和进一步放权。

三、改革企业现行的财务控制方式

为了评价自己的努力及结果，企业会采取各种切实能够衡量企业绩效和监控企业运行的措施和手段，于是出现了财务预算、财务分析等基本财务控制方法，逐渐从以财务控制审计为主，转向以绩效评价审计及计划、效率、能力和效果审计为主的管理审计。另外，由于非财务因素（如顾客满意度、市场占有率、雇员成长等）对企业价值的深刻影响，企业现行的以财务指标为核心的绩效评价体系越来越受到人们，尤其是实务界的批评，于是一场要求以新的企业绩效评价体系代替旧体系的管理革命在20世纪末期兴起，尤其以定量指标、财务效益、资产运营、偿债能力和发展能力为主体，辅以定性指标、领导班子素质、产品市场占有率、基础管理水平、员工素质等的绩效评价体系为代表。现行的企业财务、会计管理受到了前所未有的挑战，由于信息技术的发展，风行各国的战略管理会计、战略成本会计等现代方法、技术也日益变得炙手可热。目前，这些技术和方法在我国还停留在理论的探讨上，但无论如何，企业运行绩效评价的各种指标最终还是会通过财务指标来体现的。因为顾客态度、雇员成长、内部学习能力以及市场占有率等非财务指标最终会影响企业的财务指标，它们之间呈正相关关系，所以，企业的传统微观财务控制方式不会消失，而只是改变了其运行的状况，或其内容会得到扩充，成为中观的财务控制方式。

资料来源　安建民．论现代企业财务控制方式［J］．经济师，2005（7）．

第九章

财务分析

学习目的和要求

了解财务分析的概念、财务分析的主体、财务报告的构成、各主要财务报表的内容及相互关系，熟练掌握财务分析的基本方法以及偿债能力、营运能力、盈利能力、发展能力等财务指标和财务状况综合分析的方法。

重点和难点

重点：企业财务报告的构成、财务报表的内容、财务分析的方法、综合财务方法的应用。

难点：财务指标的分析，财务状况的综合分析。

预习提示

1. 银行、保险公司、债权人等如何了解自己借给企业的资金是否安全？企业是否能够遵守合同的约定到期偿还本金和支付利息？如果企业发生债务危机，债权人的债权有多大保证？

2. 假如你是一个上市公司的大股东，你怎样了解公司的偿债能力、营运能力、获利能力、市场价值？如何了解公司综合的财务状况？

通过本章的学习，你将能对上述问题有比较清楚的认识。

习 题

一、单项选择题

1. 在计算速动比率时，要从流动资产中扣除存货部分，其原因在于在流动资产中（　　）。

A. 存货价值变动较大　　B. 存货质量难以保证
C. 存货变现能力最弱　　D. 存货数量不易确定

2. 流动比率反映的是（　　）。

A. 短期偿债能力　　B. 长期偿债能力
C. 流动资金周转状况　　D. 流动资金利用情况

3. 在以下各项中，（　　）可提高企业的已获利息倍数。

A. 用抵押借款购买厂房　　B. 支付现金股利
C. 所得税税率降低　　D. 成本下降，利润增加

4. 某公司的部分年末数据为：流动负债为60万元，速动比率为2.5，流动比率为3。年内销售成本为50万元，则年内存货周转次数为（　　）。

A. 1.2次　　B. 2.4次　　C. 1.67次　　D. 无法计算

5. 在下列财务比率中，（　　）可以反映企业的偿债能力。

A. 平均收账期　　B. 销售利润率　　C. 权益乘数　　D. 已获利息倍数

6. 企业增加速动资产，一般会（　　）。

A. 降低企业的机会成本　　B. 提高企业的机会成本
C. 增加企业的财务风险　　D. 提高流动资产的收益率

7. 若不考虑其他因素，所得税税率变化，会导致相应变化的指标有（　　）。

A. 已获利息倍数　　B. 销售毛利率
C. 社会贡献率　　D. 股利支付率

8. 某企业库存现金2万元，银行存款68万元，短期投资80万元，预付费用15万元，应收账款50万元，存货100万元，流动负债750万元。据此，计算出该企业的现金比率为（　　）。

A. 0.2　　B. 0.093　　C. 0.003　　D. 0.0267

9. 运用杜邦财务分析体系进行财务分析的中心指标是（　　）。

A. 净资产收益率　　B. 总资产净利率
C. 销售净利率　　D. 总资产周转率

10. 已获利息倍数不仅反映了企业的获利能力，而且反映了（　　）。

A. 总偿债能力　　B. 短期偿债能力
C. 长期偿债能力　　D. 经营能力

11. 较高的现金比率一方面会使企业资产的流动性较强，另一方面也会带来（　　）。

A. 存货购进的减少　　B. 销售机会的丧失

C.利息的增加　　D.机会成本的增加

12.在相同条件下，对企业长期偿债能力分析，下列各项指标中，（　　）与资产负债比率之和等于1。

A.权益乘数　　B.已获利息倍数

C.股东权益和资产的比率　　D.有形净值债务率

13.下列不属于短期偿债能力衡量指标的是（　　）。

A.流动比率　　B.速动比率　　C.现金比率　　D.存货周转率

14.欲使企业具有正常的债务偿付能力，则（　　）。

A.必须使已获利息倍数小于1　　B.必须使资产负债率大于1

C.必须使已获利息倍数大于1　　D.必须使资产负债率小于1

15.杜邦财务分析体系主要用于企业（　　）。

A.社会贡献能力分析　　B.偿债能力分析

C.获利能力分析　　D.财务状况的综合分析

16.在下列各项中，（　　）会使企业实际变现能力大于财务报表所反映的变现能力。

A.存在或有负债　　B.为别的企业提供信用

C.存在未使用的银行贷款限额　　D.存在能很快变卖的长期资产

17.（　　）是企业加强成本管理的着眼点。

A.销售成本利润率　　B.营业成本利润率

C.税前资本利润率　　D.经营成本利润率

18.影响速动比率可信性的重要因素是（　　）。

A.固定资产的多少　　B.流动负债的多少

C.应收账款的变现能力　　D.长期投资的多少

19.在全部资本利润率高于借款利率时，（　　）希望资产负债率越高越好。

A.债权人　　B.经营者　　C.职工　　D.股东

20.已获利息倍数可以测试（　　）。

A.企业短期偿债能力　　B.盈利能力

C.营运能力　　D.债权人投入资本的风险

21.在杜邦财务分析体系中，假设其他情况相同，下列说法错误的是（　　）。

A.权益乘数大则财务风险大　　B.权益乘数大则净资产收益率大

C.权益乘数等于资产权益率的倒数　　D.权益乘数大则总资产净利率大

22.某企业去年的销售净利率为5.73%，总资产周转率为2.17；今年的销售净利率为4.88%，总资产周转率为2.88。若两年的资产负债率相同，今年的净资产收益率相对于去年的变化趋势为（　　）。

A.下降　　B.上升　　C.不变　　D.无法确定

23.在财务分析中，最关心企业资本保值增值状况和盈利能力的利益主体是（　　）。

A.企业所有者　　B.经营决策者

C.债权人　　D.政府经济管理机构

24.如果流动比率大于1，则下列结论成立的是（　　）。

A.速动比率大于1　　B.现金比率大于1

C.营运资金大于0　　D.短期偿债能力绝对有保障

25.在企业总资产周转率为1.6时，会引起该指标下降的经济业务是（　　）。

A.销售商品取得收入　　B.借入一笔短期借款

C.用银行存款购入设备　　D.用银行存款支付一年的电话费

二、多项选择题

1.一般情况下，影响流动比率的主要因素有（　　）。

A.营业周期　　B.存货周转速度

C.应收账款数额　　D.流动负债数额

2.影响总资产周转率变化的因素有（　　）。

A.权益乘数　　B.销售收入　　C.存货　　D.其他业务利润

3.影响资本保值增值率变动的主要因素有（　　）。

A.企业的盈亏　　B.追加资本投入　　C.股利支付率　　D.社会贡献率

4.能够分析企业长期偿债能力的指标有（　　）。

A.已获利息倍数　　B.现金比率

C.产权比率　　D.资产负债率

5.属于企业营运能力分析的财务指标有（　　）。

A.总资产周转率　　B.应收账款周转率

C.产权比率　　D.所有者权益比率

6.对净资产收益率具有决定性影响的因素包括（　　）。

A.销售净利率　　B.权益资本净利率　　C.现金比率

D.总资产周转率　　E.权益乘数

7.应收账款周转率越高，则（　　）。

A.存货周转率越快，流动资金需要量越小

B.收账越迅速，账龄期限越长

C.资产流动性越强，短期偿债能力越强

D.账款收回率越高，收账费用和坏账损失越少

E.企业信用标准和信用条件越合理

8.在下列指标中，比率越高说明企业获利能力越强的有（　　）。

A.总资产利润率　　B.资产负债比率　　C.产权比率

D.销售利润率　　E.资本利润率

9.由杜邦财务分析体系可知，提高总资产净利率的途径有（　　）。

A.加强负债管理，提高资产负债率

B.增加资产流动性，提高总资产周转率

C.加强销售管理，提高销售净利率

D.加强资产管理，提高资产利用率

E.加快流动资产周转，提高流动资产周转率

10.一般来说，长期偿债能力受（　　）等因素制约。

A.短期偿债能力　B.保持合理资本结构

C.资本周转能力　D.足够的长期资产作保证

E.企业获利能力

11.过高的流动比率必造成（　　）。

A.机会成本增加　B.筹资成本上升　C.获利能力提高

D.获利能力降低　E.筹资成本下降

12.下列各项中，正确的有（　　）。

A.当流动比率大于1时，流动资产、流动负债等量减少，会使流动比率上升

B.当流动比率大于1时，流动资产、流动负债等量减少，会使流动比率下降

C.当流动比率为1时，流动资产、流动负债等量减少，会使流动比率下降

D.当流动比率小于1时，流动资产、流动负债等量减少，会使流动比率下降

E.当流动比率小于1时，流动资产、流动负债等量增加，会使流动比率上升

13.影响应收账款周转率的因素有（　　）。

A.季节性经营　B.大量使用分期付款结算方式

C.大量使用现金结算　D.年末销量大幅度增减

14.影响资产净利润的因素主要有（　　）。

A.产品价格　B.单位成本　C.产品产销量

D.资金占用额　E.资产负债率

15.上市公司最重要的财务指标包括（　　）。

A.市盈率　B.资产负债率　C.每股收益

D.每股净资产　E.净资产收益率

16.下列等式中，正确的有（　　）。

A.资产负债率×产权比率=1　B.股利支付率×股利保障倍数=1

C.获利指数-净现值率=1　D.盈亏临界点作业率+安全边际率=1

E.股东权益比率+资产负债比率=1

17.影响速动比率的因素有（　　）。

A.应收账款　B.存货　C.短期借款

D.应收票据　E.预付账款

18.从一般原则上讲，影响每股收益指标高低的因素有（　　）。

A.企业采取的股利政策　B.企业购回的普通股股数

C.优先股股息　D.所得税税率

E.每股股利

19.影响企业长期偿债能力的报表外因素可能有（　　）。

A.为他人提供的经济担保　B.未决诉讼事项

C.出现售出产品的质量事故赔偿　D.准备变现的固定资产

E.经营租入固定资产

20.应收账款周转率提高意味着（　　）。

A.短期偿债能力增强　　B.收账费用减少

C.收账迅速，账龄较短　　D.销售成本降低

E.折扣期较长

三、判断题

1. 营业周期与流动比率的关系是营业周期越短，正常的流动比率就越低；营业周期越长，正常的流动比率就越高。（　　）

2. 应收账款周转率是用来估计应收账款流动速度和管理效率的，一般认为周转率越高越好。（　　）

3. 在销售利润不变时，提高资产利用率可以提高资产周转率。（　　）

4. 一般来说，企业的已获利息倍数至少应大于1，否则将难以偿付债务及利息。（　　）

5. 权益乘数与负债比率的关系可表示为：权益乘数=1÷（1-负债比率）。（　　）

6. 权益乘数越大，企业盈利能力越强。（　　）

7. 现金比率表明企业立即偿还全部短期债务的能力，通常企业并不需要这样做，因此并不要求现金比率大于1。（　　）

8. 每股收益越高，意味着股东可以从公司分得越多的股利。（　　）

9. 在资产负债率中的资产应扣除累计折旧，负债也应扣除短期负债。（　　）

10. 应收账款周转率无助于对企业速动比率的分析。（　　）

11. 长期经营租赁业务，会使企业的实际偿债能力比财务报表显示出来的偿债能力更弱一些。（　　）

12. 已获利息倍数可用来衡量应付的债务利息超过借入资金所获盈利的风险。（　　）

13. 在确定财产的价值以估计企业清偿债务的能力时，如果具有财产的账面历史成本，就不必再考虑其市价或变现价值。（　　）

14. 如果已获利息倍数小于1，企业将面临经营亏损、偿债的安全性与稳定性下降的风险。（　　）

15. 长期负债最终能否得到偿还，完全取决于资产的变现收入。（　　）

16. 产权比率比资产负债率更为侧重于债务偿付安全性的物质保证程度。（　　）

17. 相关比率分析法是财务分析最主要的分析方法。（　　）

18. 流动比率高并不等于企业有足够的现金用于偿债。（　　）

19. 有些企业的流动比率小于2，并不能说明其短期偿债能力弱，有些企业的流动比率大于2，也不能说明其短期偿债能力一定强。（　　）

20. 市盈率可以用来估计股票的投资报酬和风险，该指标越高，表明其风险越大，该企业具有良好的前景。（　　）

四、计算分析题

1.某企业的全部流动资产为600 000元，流动比率为1.5，该企业刚完成以下两项交易：

（1）购入商品160 000元以备销售，其中的80 000元为赊购。

（2）购置一辆运输卡车，价值50 000元，其中30 000元以银行存款支付，其余开出3月期应付票据一张。

要求：计算分别完成每笔交易后的流动比率。

2.某公司为股份制企业，本年度的利润净额为40 000元，发行在外的普通股平均为12 500股，目前尚未发行优先股。

要求：

（1）根据上述资料计算每股盈余。

（2）本年度分配股利28 750元，每股股利是多少？

3.指出表9-1所列经济业务对有关指标的影响，假定原来的流动比率为1，增加用"+"表示，减少用"-"表示，没有影响用"0"表示。

表9-1　经济业务对有关指标的影响

经济业务	流动资产比率	营运资本	流动比率	税后利润
发行普通股取得现金				
支付上年所得税				
以低于账面价值出售固定资产				
赊销（售价大于成本）				
支付过去采购的货款				
贴现短期应收票据				
支付管理费				

4.某公司投资600万元，用于扩大生产规模，该公司负债比率为45%，并继续执行20%的固定股利支付率政策，该公司在2023年的净利润为260万元，那么该公司2024年为扩充生产能力必须从外部筹措多少权益资金？

5.某公司年初存货为30 000元，年初应收账款为25 400元，本年年末计算出流动比率为3，速动比率为1.3，存货周转率为4次，流动资产合计为54 000元，该公司的本年销售额是多少？如果除应收账款以外的速动资产是微不足道的，其平均收账期是多少天（天数取整）？

五、综合题

某公司2023年度财务报表的主要资料见表9-2和表9-3。

表9-2

资产负债表主要资料

2023年12月31日　　单位：元

资　产		负债及所有者权益	
货币资金（年初764 000）	310 000	应付账款	516 000
应收账款（年初1 156 000）	1 344 000	应付票据	336 000
存货（年初700 000）	966 000	其他流动负债	468 000
流动资产合计	2 620 000	流动负债合计	1 320 000
固定资产（年初1 170 000）	1 170 000	非流动负债合计	1 026 000
非流动资产合计	1 170 000	实收资本	1 444 000
资产总计（年初3 790 000）	3 790 000	负债及所有者权益总计	3 790 000

表9-3

利润表主要资料

2023年度　　单位：元

营业收入	6 430 000
营业成本	5 570 000
管理费用	580 000
财务费用	98 000
利润总额	182 000
所得税费用	72 000
净利润	110 000

要求：

（1）计算并填列表9-4中的该公司的财务比率（天数取整）。

表9-4

财务比率表

比率名称	本公司	行业平均
流动比率		1.98
资产负债率		62%
已获利息倍数		3.8
存货周转率		6次
平均收账期		35天
固定资产周转率		13次
总资产周转率		3次
销售净利率		1.3%
资产净利率		3.4%
权益净利率		8.3%

（2）与行业平均财务比率进行比较，说明该公司经营管理可能存在的问题。

补充阅读资料

企业财务分析存在的问题及其改进

财务分析是财务管理的重要组成部分。目前我国许多企业的财务管理水平还很落后，严重制约了企业的发展。本文将剖析我国企业财务分析存在的一些问题，并针对存在的问题提出改进的对策。

一、企业管理当局对企业财务分析的认识存在问题

1.对财务分析的作用认识不够

财务分析是对企业的财务状况和经营成果以及现金流量进行分析和评价的一种方法，其作用主要表现在以下几个方面：（1）评价企业过去的经营成果。通过企业财务分析，找出本企业在经营管理中存在的问题，促进企业提高会计核算和财务管理水平，改善企业经营管理，进而提高企业的经济效益。（2）预测企业未来生产经营的发展方向。在当前企业竞争日益激烈、市场瞬息万变的情况下，企业管理的水平需要不断提高，这些都需要借助财务分析的手段对各项方案的可行性进行深入细致的分析和预测，帮助企业当局作出正确的决策。（3）掌握企业目前的财务状况。通过财务分析，可以使领导心中有数，并将其作为决策、计划、协调和控制的依据。但是，目前我国一些企业的领导只重视生产管理、营销管理，而忽视财务管理，或者只注意销售额和利润的增长变化，而没有真正把财务管理与分析工作当作企业管理的重要手段，没有认识到财务分析是企业经营管理的重要方法，从而不善于通过财务分析来全面加强企业的经营管理，影响了财务分析的开展及作用的发挥。在财务分析的目的上，往往也不是加强企业管理、提高管理水平，而是强调满足领导需要或满足上级主管部门的需求。

2.对财务分析过程的综合性认识不够

财务分析绝不单纯是财务部门的事情，而是一个综合性的系统工程，应由财务部门会同企业生产经营各部门，对生产经营中的各种情况进行分析。我国目前的企业财务分析，往往是由财务人员坐在财务室里，面对几张报表和有限的资料对企业经营状况等方面进行分析，而财务分析人员可能根本不了解企业生产经营的具体情况，致使其分析的结果和作用非常有限。一般而言，企业应根据自身的特点，在对内部有关部门进行生产经营情况分析的基础上再进行财务分析，这样的分析结果才能比较切合实际地反映企业的整体经营状况和财务状况。

二、财务分析的过程存在比较严重的技术问题

1.财务分析人员所依赖的资料具有局限性

我们知道，企业财务报表是运用会计专门方法，并严格按照企业会计制度和企业会计准则的要求，对会计信息进行提炼加工而成的，反映的是货币化的信息。而在当前风云变幻的经济环境下，单纯依靠货币化的信息来评价企业具有很大的局限性。所以，企业财务分析人员在进行财务分析时，应当结合本企业的具体状况，对有关报表的数据进行相应的调整，并结合一些非货币化的信息对企业具体的经营状况进行分析。

2.财务指标的构建缺乏内在的逻辑性

财务比率的构建应当重视分子、分母之间的逻辑关系。一般而言，分子、分母要满足以下三种逻辑关系：(1) 构成分子、分母的两部分要满足配比关系。比如销售收入与销售成本的关系。(2) 构成分子、分母的两部分要满足计价基础一致的原则。比如在计算存货周转率时，其中的销货成本和存货都应该按历史成本进行计价，而不能只对其中的存货按现行价值进行计价。(3) 构成分子、分母的两部分在本质上是关联的。比如在计算销售净收益率时，就应该将一些不随销售额变化的固定费用包括在净收益中。但是目前财务分析人员在进行财务分析时很少重视这方面的逻辑关系，不能结合本企业生产经营的一些特点来构建符合本企业实际情况的财务指标，致使一些分析结果根本不能反映本企业的实际情况。

3.财务分析人员对一些财务指标缺乏理性的分析

财务分析本身并非解决问题的答案，而只是一个发现问题的过程，因此在进行财务分析时，应当注意不同企业具有不同的问题，同一企业在不同的发展阶段也具有不同的情况。而企业财务分析人员在进行财务分析时，通常只是将分析结果与一些常规标准进行比较，没有对这些问题本身进行分析，结果导致一些标准滥用。

三、财务分析的结果在实际运用中存在问题

1.财务分析的结果与实际运用相脱节

财务分析的目的是找出生产经营过程中存在的问题，为决策提供依据，但许多企业在好不容易组织力量把财务分析做好之后，并没有将分析的结果用于改善企业的经营管理。其结果是，既浪费了企业的有关资源，又使财务分析人员产生失落感，进而影响了员工参与改善企业经营管理的积极性。

2.在利用财务分析结果时容易从一个极端走向另一个极端

企业的生产经营是多方面的，企业经营状况也是多方面的，财务分析所得到的结果也应是多方面的。一些企业在将财务分析结果用于改善企业经营管理时，往往只重视分析结果的一个方面，比如企业管理当局在考虑偿还债务能力时，只是考虑企业偿还债务能力的改善，而较少重视和考虑其他方面，比如企业盈利能力方面的改善。其结果是，企业运用财务分析结果进行的决策，使企业好不容易从一个极端中逃脱出来，又陷入另外一个极端。因此，企业将财务分析结果用于改善生产经营管理时，应将企业看作一个系统，采取系统的措施，避免企业的生产经营从一个极端走向另一个极端。

资料来源　张卫平. 企业财务分析存在的问题及其改进 [J]. 财经论坛，2006 (6).

综合实训

磁力启动继电器产业化基地建设项目投资分析

一、项目背景

星辰公司（模拟公司）专门从事各种磁力启动继电器的研发和生产，产品通过了ISO 9001质量体系认证。公司成立以来，各项建设发展迅速，技术力量大增，在东北三省继电器行业中居龙头地位。公司主要产品有7个系列50多个品种，产品质量各项指标均达到或超过了国家标准，产品水平居于国内领先地位并主导着国内市场，多项产品荣获省优、部优等光荣称号及美国UL认证，有些产品填补了国内空白，部分技术取得了国家发明专利。

公司占地面积1万余平方米，科研和生产建筑面积达1.3万平方米，拥有员工160人，其中各类工程技术人员51人，占员工总数的31.9%。20×2年，全年生产各类产品96万只，实现销售收入1 000多万元，创利税400余万元。

二、市场预测

XGX-1（KSYA）型磁力启动继电器是星辰公司依靠自己多年的技术积累，设计开发的新产品，其设计先进、合理，具有内部结构独特、装配精密、功率大、机械寿命和电气寿命长、工作位置随意、故障率极低、应用广泛、能适合各种恶劣环境等优点，主要用于汽车、摩托车等的启动装置。

为提高装备的工业水平和质量，公司计划建设新型继电器产业化基地，使本公司成为国内继电器研发、生产、制造中心，以适应国内及国际市场的需要。

根据20×3年度汽车与摩托车销量情况，专家分析预测，今后继电器每年的需求量将随汽车、摩托车行业的发展达到1.2万亿只以上。据此保守测算，公司每年可生产销售1 000万只继电器，将带来1.3亿元的销售收入，经济效益相当可观。

三、项目概况

1.项目目标

通过高技术产业化项目的实施，扩大研究成果应用领域，提高科研水平，增强生产能力，使XGX-1（KSYA）型磁力启动继电器的年产量达1 000万只，以满足市场需求。同时，加大对国际市场的开发力度，实现部分产品出口，真正成为中国的继电器生产基地。

2.项目内容

XGX-1（KSYA）型磁力启动继电器，由线圈、导磁、动静接点、压力弹簧、铁芯、座板、外罩、引线等部分组成，通过电磁感应的工作原理及与机械形成的合理结构，实现动接点与静接点的闭合与分开，从而控制汽车、摩托车的线路系统。

3.项目规模

项目总投资6 000万元，其中，固定资产投资5 150万元，达产后年设计生产能力达1 000万只。

4.项目建设方案

（1）项目组织

项目采取分期投资、分期投产的办法，以缩短投资回收期。为保证项目工作的有效开展，公司成立项目领导小组，董事长任组长，技术、财务、生产、营销、品管等部门参与配合，实行产、学、研相结合，推进产业化的实施进程。

① 项目领导小组由管理层主要人员组成，负责作出各种决策，从系统导向和财力、人力、物力资源上保证项目实施。

② 设计开发部负责XGX-1（KSYA）型磁力启动继电器的有关技术开发与产品研制。

③ 财务管理部门负责项目实施过程中的资金预算与筹措，为项目实施提供资金保障。

④ 营销部门负责产品销售和市场需求调查，了解用户对所需产品的要求、改进意见，用户引进国外同类产品情况，反馈信息，为产品的开发和升级换代打好基础。

（2）项目进度计划（见表1）

表1　项目进度计划表

序　号	项目进度计划	20×1年	20×2年
1	市场调查及产品研发、中试		
2	项目建设、设备与原材料采购、产品研发		
3	主要设备及原材料采购、人员培训		
4	项目产品研制、测试及推广应用		
5	项目总结、验收		

四、主要建设条件

除现有生产条件外，拟购建一座1万平方米的厂房。项目运营所需配套设施齐全，供电、供水、供热可利用现有条件解决。项目产品需用材料主要为纯铁、有色金属及工程塑料等，国内均可解决。为生产XGX-1（KSYA）型磁力启动继电器需购进专用机床、试验设备、仪器、仪表及专用生产流水线。

五、项目总投资、投资构成及资金筹措方案

项目总投资6 000万元，其中，建设投资4 200万元，铺底流动资金1 800万元。其主要资金来源为企业自有资金1 800万元，企业融资3 600万元，申请国家安排资金600万元。

六、项目基础财务指标

1.产品产量

20×5年为投产第一年，只达到设计生产规模的90%，其他年份均达到设计生产规模。因此，预计20×5年产品产量为900万只，20×3—20×6年各年度产品产量均为1 000万只。

2.销售价格

XGX-1（KSYA）型磁力启动继电器进入市场的平均销售价格预计为13元/只（不含税）。

3.建设投资估算表

见辅助表1。

4.流动资金估算表

见辅助表2。

5.投资计划与资金筹措表

见辅助表3。

6.产品销售收入和销售税金及附加估算表

见辅助表4。

7.生产成本和费用估算表

见辅助表5。

8.建设投资借款还款还本付息及现金流量（自有资金）估算表

见辅助表6。

9.建设投资构成表

见辅助表7。

10.利润估计表

见辅助表8。

辅助表1

建设投资估算表

金额单位：万元

序号	费用名称	建筑工程	设备购置	安装工程	工器具费	其　他	合　计	占投资比例	备　注
1	固定（含无形）资产费用	1 200.00	2 602.60	0	30.00	124.20	3 956.80	0.66	1.进口设备的有关费用 设备价格为到岸价 关税税率为6% 增值税税率为13% 外留手续费率为1.5% 银行手续费率为0.5% 商检费率为0.5% 海关监管费率为0.3% 2.投资方向调节税为0（投资方向调节税已暂停征收） 3.进口设备安装费为5% 4.设备的国内运杂费记入“设备购置”栏中，费率为3%
1.1	工程费用	1 200.00	2 552.00	0	30.00	30.00	3 812.00	0.64	
1.1.1	厂房维修改造						0	0	
1.1.2	购老厂设备						0	0	
1.1.3	进口设备		1 835.50				1 835.50	0.31	
1.1.4	国产设备、仪器		636.50				636.50	0.11	
1.1.5	设备的国内运杂费						0	0	
1.1.6	设备安装、调试费						0	0	
1.1.7	软件费						0	0	
1.1.8	工具器具及办公家具费				30.00		30.00	0.01	
1.1.9	运输车辆		80.00				80.00	0.01	
1.1.10	设备调试（含软件）					30.00	30.00	0.01	
1.1.11	购置厂房	1 200.00					1 200.00	0.20	
1.2	其他费用	0	50.60	0	0	0	50.60	0.01	
1.2.1	开办费						0	0	
1.2.2	国内市场推广、示范费						0	0	
1.2.3	国际市场推广、示范费						0	0	
1.2.4	考察、培训费						0	0	
1.2.5	产品注册认证费						0	0	
1.2.6	销售网络建设费						0	0	
1.2.7	技术改造和新技术开发费						0	0	
1.3	不可预见费用	0	0	0	0	94.20	94.20	0.02	
1.3.1	基本预备费					94.20	94.20	0.02	
1.3.2	涨价预备费						0	0	
2	投资方向调节税						0	0	
3	建设期利息					243.20	243.20	0.04	
4	建设投资合计（1+2+3）	1 200.00	2 602.60	0	30.00	367.40	4 200.00	0.70	
4.1	其中：静态投资部分（1.1+1.2+1.3.1）	1 200.00	2 602.60	0	30.00	124.20	3 956.80	0.66	
4.2	动态投资部分（1.3.2+2+3）	0	0	0	0	243.20	243.20	0.04	

辅助表2

流动资金估算表

金额单位：万元

序号	项目	达产年末流动资产余额	建设期	投产期		达产期		
			20×4年	20×5年	20×6年	20×7年	20×8年	20×9年
	生产（营业）负荷			90%	100%	100%	100%	100%
1	流动资产	2 880.00		2 160.00	2 880.00	2 880.00	2 880.00	2 880.00
1.1	应收账款	1 000.00		700.00	1 000.00	1 000.00	1 000.00	1 000.00
1.2	存货	1 080.00		860.00	1 080.00	1 080.00	1 080.00	1 080.00
1.2.1	原材料	500.00		400.00	500.00	500.00	500.00	500.00
1.2.2	在产品	400.00		300.00	400.00	400.00	400.00	400.00
1.2.3	产成品	180.00		160.00	180.00	180.00	180.00	180.00
1.3	货币资金	800.00		600.00	800.00	800.00	800.00	800.00
2	流动负债	950.00		580.00	950.00	950.00	950.00	950.00
2.1	短期借款	775.00		500.00	775.00	775.00	775.00	775.00
2.2	应付账款	175.00		80.00	175.00	175.00	175.00	175.00
3	营运资金（1-2）	1 930.00		1 580.00	1 930.00	1 930.00	1 930.00	1 930.00
4	流动资金本年增加额	1 930.00		1 580.00	1 930.00			
5	流动资金借款	775.00		500.00	775.00	775.00	775.00	775.00
6	借款利息	38.75		25.00	38.75	38.75	38.75	38.75

说明：流动资金需用额2 575万元；铺底流动资金1 800万元；流动资金借款775万元；流动资金借款年利率6.4%。

辅助表3

投资计划与资金筹措表

金额单位：万元

序号	项　目	合　计（人民币）	建设期（20×4年）			投产期（20×5年）			达产期（20×6年）		
			外币	人民币	小计	外币	人民币	小计	外币	人民币	小计
	项目总投资	6 000.00									
	其中：建设投资	4 200.00									
	铺底流动资金	1 800.00									
	项目自有资金	2 400.00		2 400.00							
	其中：申请国家安排资金	600.00		600.00							
	企业自有资金	1 800.00		1 800.00							
	建设投资借款	3 600.00		2 000.00	2 000.00		1 600.00	1 600.00			
1	项目总资金	7 275.00		0	0			0			0
1.1	建设投资	4 200.00			0						
1.1.1	固定资产（含无形资产）	3 956.80		3 956.80	3 956.80						
1.1.2	投资方向调节税										
1.1.3	建设期利息	243.20		64.00	64.00		179.20	179.20			
1.2	流动资金	3 075.00					2 300.00	2 300.00		775.00	775.00
	其中：铺底流动资金	1 800.00					1 800.00	1 800.00			
2	资金筹措	7 275.00		7 275.00	7 275.00						
2.1	项目自有资金	2 400.00		2 400.00	2 400.00						
	申请国家安排资金	600.00		600.00	600.00						
	企业自有资金	1 800.00		1 800.00	1 800.00						
	项目自有资金用于建设投资	2 400.00		2 400.00	2 400.00						
	项目自有资金用于流动资金										
2.2	其他流动资金										
2.3	借款	4 875.00									
2.3.1	建设投资借款	3 600.00			0						
	其中：建设投资借款（本金）	3 600.00		2 000.00	2 000.00		1 600.00	1 600.00			
	建设期借款利息	243.20		64.00	64.00		179.20	179.20			
2.3.2	流动资金借款	1 275.00					500.00			775.00	
2.3.3	短期借款										
2.4	其他										

辅助表4

产品销售收入和销售税金及附加估算表

金额单位：万元

序号	产品名称	单位	销售单价（元/只）	20×5年		20×6年		20×7年		20×8年		20×9年		合计	
				数量	销售收入	数量	销售收入	数量	销售收入	数量	销售收入	数量	销售收入	数量	销售收入
一	产品销售（营业）收入														
1	继电器	万只	13	900	11 700.00	1 000	13 000.00	1 000	13 000.00	1 000	13 000.00	1 000	13 000.00	4 900	63 700.00
2															
3															
4															
5															
6															
	总 计			900	11 700.00	1 000	13 000.00	1 000	13 000.00	1 000	13 000.00	1 000	13 000.00	4 900	63 700.00
二	销售税金及附加	税率													
1															
2	增值税	9%			1 053.00		1 170.00		1 170.00		1 170.00		1 170.00		5 733.00
3	资源税														
4	城市维护建设税	7%			73.71		81.90		81.90		81.90		81.90		401.31
5	教育费附加	3%			31.59		35.10		35.10		35.10		35.10		171.99
6	合 计				1 158.30		1 287.00		1 287.00		1 287.00		1 287.00		6 306.30

说明：本表中产品销售收入不含增值税；增值税税率9%为销售收入的增值税负担率；不考虑地方教育附加。

辅助表5

生产成本和费用估算表

金额单位：万元

序号	项目	单位产品成本	合计	建设期	投产期		达产期		
				20×4年	20×5年	20×6年	20×7年	20×8年	20×9年
	生产（营业）负荷				90%	100%	100%	100%	100%
1	生产成本		26 205.44		4 926.69	5 396.49	5 294.09	5 294.09	5 294.09
1.1	外购原材料	3.32	16 268.00		2 988.00	3 320.00	3 320.00	3 320.00	3 320.00
1.2	外加工费	0.57	2 793.00		513.00	570.00	570.00	570.00	570.00
1.3	燃料动力	0.34	1 666.00		306.00	340.00	340.00	340.00	340.00
1.4	工资和福利费（员工300人，月平均工资1 300元）	468	2 293.20		421.20	468.00	468.00	468.00	468.00
1.5	制造费用		3 185.24		698.49	698.49	596.09	596.09	596.09
1.5.1	其中：折旧费		2 940.44		588.09	588.09	588.09	588.09	588.09
1.5.2	修理费		40.00		8.00	8.00	8.00	8.00	8.00
1.5.3	其他（摊销费）		204.80		102.40	102.40			
2	销售费用		5 096.00		936.00	1 040.00	1 040.00	1 040.00	1 040.00
3	财务费用		410.40		25.00	166.75	141.15	38.75	38.75
3.1	其中：长期借款利息		230.40		0	128.00	102.40		
3.2	流动资金及短期借款利息		180.00		25.00	38.75	38.75	38.75	38.75
4	管理费用		6 370.00		1 170.00	1 300.00	1 300.00	1 300.00	1 300.00
4.1	其中：技术开发费		1 620.00		300.00	330.00	330.00	330.00	330.00
4.2	其他								
5	总成本费用（1+2+3+4）		38 081.84		7 057.69	7 903.24	7 775.24	7 672.84	7 672.84
6	经营成本（5−1.5.1−1.5.3−3）		34 526.20		6 342.20	7 046.00	7 046.00	7 046.00	7 046.00
7	固定成本		17 354.84		3 250.69	3 673.24	3 545.24	3 442.84	3 442.84
8	可变成本		20 727.00		3 807.00	4 230.00	4 230.00	4 230.00	4 230.00

辅助表6

建设投资借款还款还本付息及现金流量（自有资金）估算表

金额单位：万元

序　号	项　目	利　率	合　计	20×4年	20×5年	20×6年	20×7年	20×8年	20×9年
1	人民币借款	6.4%							
1.1	年初借款本息累计				2 064.00	3 843.20	0	0	0
1.1.1	上期本金				2 000.00				
1.1.2	上期利息								
1.2	本年借款		3 600.00	2 000.00	1 600.00				
1.3	本年应计利息		243.20	64.00	179.20				
1.4	本年还本					2 000.00	1 600.00		
1.5	本年付息		230.40		0	128.00	102.40		
	其中：计入投资（企业自筹）								
	计入财务费用		230.40		0	128.00	102.40		
2	尝还借款本金资金来源								
2.1	未分配利润		13 035.51		2 351.71	2 571.59	2 657.99	2 727.11	2 727.11
2.2	折旧		2 940.44		588.09	588.09	588.09	588.09	588.09
2.3	摊销		204.80		102.40	102.40	0	0	0
2.4	其他资金								
	合　计		16 180.75		3 042.20	3 262.08	3 246.08	3 315.20	3 315.20

辅助表7

建设投资构成表

单位：万元

费用名称	费　用	折旧费	摊销费
工程费用			
购置进口设备	1 835.50	531.09	
购置国产设备	636.50		
软件费			
工具器具及办公家具费	30.00		
运输车辆	80.00		
设备调试费（含软件）	30.00		
厂房及土地	1 200.00	57.00	
其他	50.60		
国内市场推广、示范费			
国际市场推广、示范费			
考察、培训费			
产品专利申请费			
销售网络建设费			
技术改造和新技术开发费			
不可预见费用	94.20		102.40
建设期利息	243.20		
建设投资合计	4 200.00		

辅助表8

利润估计表

金额单位：万元

序号	项目	合计	平均数	建设期	生产期				
				20×4年	20×5年	20×6年	20×7年	20×8年	20×9年
	生产负荷				90%	100%	100%	100%	100%
1	销售收入	63 700.00	12 740.00		11 700.00	13 000.00	13 000.00	13 000.00	13 000.00
2	税金及附加	6 306.30	1 261.26		1 158.30	1 287.00	1 287.00	1 287.00	1 287.00
3	总成本费用	38 081.84	7 616.37		7 057.69	7 903.24	7 775.24	7 672.84	7 672.84
4	利润总额（1−2−3）	19 311.86	3 862.37		3 484.01	3 809.76	3 937.76	4 040.16	4 040.16
5	弥补以前年度亏损								
6	应纳税所得额（4−5）	19 311.86	3 862.37		3 484.01	3 809.76	3 937.76	4 040.16	4 040.16
7	所得税（25%）	4 827.96	965.59		871.00	952.44	984.44	1 010.04	1 010.04
8	税后利润（4−7）	14 483.90	2 896.78		2 613.01	2 857.32	2 953.32	3 030.12	3 030.12
9	可供分配利润	14 483.90	2 896.78		2 613.01	2 857.32	2 953.32	3 030.12	3 030.12
10	盈余公积（10%）	1 448.39	289.68		261.30	285.73	295.33	303.01	303.01
11	未分配利润	13 035.51	2 607.10		2 351.71	2 571.59	2 657.99	2 727.11	2 727.11
12	累计未分配利润				2 351.71	4 923.30	7 581.29	10 308.40	13 035.51

七、实训任务

1.编制“财务评价经济指标汇总表”（见基本表1）。

基本表1　**财务评价经济指标汇总表**　金额单位：万元

序号	项目	指标	备注
1	项目总投资		建设投资+铺底流动资金
	其中：建设投资		固定、无形、递延资产+建设期利息
	铺底流动资金		占项目总投资的30%
2	项目自有资金		
	占总投资比例		
2.1	其中：申请国家安排资金		
	占总投资比例		
2.2	企业自有资金		
	占总投资比例		
3	建设融资		
	占总投资比例		
4	项目总投资		建设投资+铺底流动资金
5	建设投资		
	其中：静态投资部分		建设投资–动态投资部分
	动态投资部分		建设期利息
6	流动资金		
	其中：铺底流动资金		
7	年平均销售收入		
8	年平均总成本		
9	年平均经营成本		
10	年平均销售税金（不含增值税）		
11	年平均利润总额		
12	年平均所得税额		
13	年平均净利润		
14	投资利润率		
15	投资利税率		
16	项目自有资金利润率		
17	成本利润率		
18	销售利润率		
19	内部收益率（全投资）税前		
20	内部收益率（全投资）税后		
21	净现值（全投资）税前		
22	净现值（全投资）税后		
23	静态投资回收期（全投资）税后（年）		含建设期0.5年
24	借款偿还期（年）		不含建设期0.5年
25	盈亏平衡点（生产能力）		
26	资产负债率（20×6年）		
27	流动比率（20×6年）		
28	速动比率（20×6年）		

2.编制“现金流量分析表（全部投资）”（见基本表2），分别计算税前、税后的财务内部收益率（FIRR）、I=10%的财务净现值（NPV）和静态投资回收期。

基本表2 **现金流量分析表（全部投资）** 金额单位：万元

序号	项目	合计	20×4年	20×5年	20×6年	20×7年	20×8年	20×9年
	生产（营业）负荷			90%	100%	100%	100%	100%
1	现金流入							
1.1	产品销售（营业）收入							
1.2	回收固定资产和无形资产余值							
1.3	回收流动资金							
1.4	其他							
2	现金流出							
2.1	固定资产投资							
2.2	流动资金							
2.3	经营成本							
2.4	税金及附加							
2.5	所得税							
2.6	特种基金							
2.7	其他							
3	净现金流量（1 2）							
	累计净现金流量							
	净现值							
	累计净现值							
4	税前净现金流量（3+2.5+2.6）							
	税前累计净现金流量							
	税前净现值							
	税前累计净现值							

3.编制“现金流量分析表（自有资金）”（见基本表3），并计算财务内部收益率（FIRR）。

基本表3　　金额单位：万元

现金流量分析表（自有资金）

序号	项目	合计	20×4年	20×5年	20×6年	20×7年	20×8年	20×9年
	生产（营业）负荷			90%	100%	100%	100%	100%
1	现金流入							
1.1	产品销售（营业）收入							
1.2	回收固定资产和无形资产余值							
1.3	回收流动资金							
1.4	其他短期借款							
2	现金流出							
2.1	自有资金							
2.2	偿还建设投资和流动资金借款本金							
2.3	支付借款利息							
2.4	经营成本							
2.5	税金及附加							
2.6	所得税							
2.7	特种基金							
2.8	偿还其他短期借款本金							
3	净现金流量（1-2）							
4	累计净现金流量							
5	净现值							
6	累计净现值							

4.对该项目从必要性、可行性、效益性三个方面进行分析，并进行动态财务分析（税后的内部收益率和净现值，以及投资回收期），对项目优劣作出判断。

各章习题参考答案

第一章

一、单项选择题

1.D 2.D 3.B 4.D 5.B 6.C 7.D 8.B 9.A 10.D 11.B 12.B 13.C 14.C 15.A 16.A 17.B 18.D 19.C 20.C 21.B 22.B 23.B 24.A 25.C 26.C 27.C 28.D 29.C

二、多项选择题

1.ABCD 2.ABC 3.ABCD 4.ABC 5.ABC 6.BCD 7.ABCD 8.ABCD 9.ABCD 10.ABCD 11.ACD 12.BC 13.ABCD 14.ABCD 15.AB

三、判断题

1.× 2.√ 3.× 4.× 5.× 6.√ 7.√ 8.× 9.√ 10.√ 11.√ 12.√ 13.× 14.× 15.×

四、计算分析题

1.本题属于计算年资本回收额的问题，其中200 000元为年金现值。

每年应偿还的金额-P÷（P/A，i，n）

=200 000÷（P/A，8%，20）

=200 000÷9.8181

=20 370.54（元）

2.（1）F =A×（F/A，i，n）

=2 400×（F/A，8%，25）

=2 400×73.1059

=175 454.16（元）

（2）F =A×［（F/A，i，n+1）-1］

=2 400×［（F/A，8%，25+1）-1］

=2 400×（79.9544-1）

=189 490.56（元）

3.（1）每年年末支付租金=P÷（P/A，16%，8）

=320 000÷（P/A，16%，8）

=320 000÷4.3436

=73 671.61（元）

（2）每年年初支付租金=P÷［（P/A，i，n−1）+1］

=320 000÷［（P/A，16%，8−1）+1］

=320 000÷（4.0386+1）

=63 509.71（元）

4.第一种付款方式：

P=80 000×［（P/A，14%，8−1）+1］

=80 000×（4.2883+1）

=423 064（元）

第二种付款方式：

P=132 000×［（P/A，14%，7）−（P/A，14%，2）］

=132 000×（4.2883−1.6467）

=348 691.2（元）

第三种付款方式：

P=100 000 +90 000×（P/A，14%，6）

=100 000 +90 000×3.8887

=449 983（元）

所以，应选择第二种付款方式。

5.P÷A=200 000÷40 000=5，用内插法计算投资报酬率，查“年金现值系数表”中n=8所在行中与5接近的两个数，分别为β_1=5.3349和β_2=4.9676，对应的i分别为i_1=10%和i_2=12%，代入计算公式得：

$$i=i_1+\frac{\beta_1-\alpha}{\beta_1-\beta_2}\times(i_2-i_1)=10\%+\frac{5.3349-5}{5.3349-4.9676}\times(12\%-10\%)$$

=11.82%

该项目的投资报酬率为11.82%。

6.P=200 000×（P/F，12%，1）+250 000×（P/F，12%，2）+300 000×（P/F，12%，3）+280 000×（P/F，12%，4）+260 000×（P/F，12%，5）

=200 000×0.8929+250 000×0.7972+300 000×0.7118+280 000×0.6355+260 000×0.5674

=916 884（元）

企业目前的投资额应在916 884元之内。

7.甲方案：

期望值=120×35%+60×45%+（−20）×20%=65（万元）

方差=（120−65）^{2}×35%+（60−65）^{2}×45%+（−20−65）^{2}×20%=2 515（万元）

标准离差=（2 515）$^{1/2}$=50.15（万元）

标准离差率=50.15÷65×100%=77.15%

乙方案：

期望值=100×35%+65×45%+（−15）×20%=61.25（万元）

方差=（100−61.25）^{2}×35%+（65−61.25）^{2}×45%+（−15−61.25）^{2}×20%

=1 694.69（万元）

标准离差=（1 694.69）$^{1/2}$=41.17（万元）

标准离差率=41.17÷61.25×100%=67.22%

决策：在两个投资方案的期望值不相同的情况下，甲方案的标准离差率大，投资风险大，乙方案标准离差率小，风险小，所以企业应该选用乙方案。

第二章

一、单项选择题

1.D 2.D 3.B 4.D 5.D 6.C 7.A 8.D 9.D 10.A 11.D 12.D 13.B 14.D 15.D 16.A 17.D 18.B 19.C 20.B 21.D 22.D 23.B 24.C 25.A 26.D 27.A 28.D 29.C 30.C 31.D 32.B 33.C 34.D 35.A 36.C 37.C 38.D 39.B 40.D

二、多项选择题

1.AB 2.AC 3.AC 4.BCD 5.BCD 6.ABC 7.AC 8.AC 9.AD 10.ABCDE 11.ABD 12.AB 13.BE 14.AB 15.ABCD 16.ACD 17.BCDE 18.ABD 19.ABC 20.AC 21.AE 22.ABC 23.BDE 24.ABCD 25.ABCD 26.BCE 27.ABCDE 28.ABCD 29.ABD 30.AB

三、判断题

1.√ 2.√ 3.× 4.× 5.× 6.√ 7.√ 8.√ 9.× 10.× 11.× 12.× 13.√ 14.√ 15.× 16.√ 17.× 18.× 19.× 20.× 21.√ 22.× 23.√ 24.√ 25.√ 26.√ 27.√ 28.√ 29.× 30.√

四、计算分析题

1.（1）免费信用额=100 000×（1−2%）=98 000（元）

（2）放弃现金折扣的资金成本=2%÷（1−2%）×360÷（30−10）=36.73%

（3）延长至50天付款的资金成本=2%÷（1−2%）×360÷（50−10）=18.37%

2.（1）股权资金=3×（1 30%）=2.10（亿元）

需要筹集的股权资金=2.10−0.60=1.50（亿元）

（2）社会公众股数=1.5÷5=0.3（亿股）

（3）公开发行的股份应达到公司股本总额的25%以上。

社会公众股数=0.6×［25%÷（1−25%）］=0.2（亿股）

3.（1）立即付款的折扣率=（10 000−9 630）÷10 000×100%=3.70%

放弃立即付款折扣的资金成本=3.70%÷（1−3.70%）×360÷90=15.37%

（2）第30天付款的折扣率=（10 000−9 750）÷10 000×100%=2.50%

放弃第30天付款折扣的资金成本=2.50%÷（1−2.50%）×360÷（90−30）=15.38%

（3）第60天付款的折扣率=（10 000−9 870）÷10 000×100%=1.30%

放弃第60天付款折扣的资金成本=1.30%÷（1−1.30%）×360÷（90−60）=15.81%

因此，对公司最有利的是在第60天付款9 870元。

4.（1）计算年初综合资本成本：

W_b=600÷1 600×100%=37.50%

K_b=10%×（1-25%）=7.50%

W_p=200÷1 600×100%=12.50%

K_p=8%

W_s=800÷1 600×100%=50%

K_s=20÷200×100%+5%=15%

综合资本成本=37.50%×7.50%+12.50%×8%+50%×15%=11.31%

（2）计算甲方案综合资本成本：

W_b=（600+400）÷2 000×100%=50%

K_b=10%×（1-25%）=7.50%

W_p=200÷2 000×100%=10%

K_p=8%

W_s=800÷2 000×100%=40%

K_s=25÷160×100%+6%=21.63%

综合资本成本=50%×7.50%+10%×8%+40%×21.63%=13.20%

（3）计算乙方案综合资本成本：

W_b=（600+200）÷2 000×100%=40%

K_b=10%×（1-25%）=7.50%

W_p=200÷2 000×100%=10%

K_p=8%

W_s=（800+200）÷2 000×100%=50%

K_s=25÷250×100%+5%=15%

综合资本成本=40%×7.50%+10%×8%+50%×15%=11.30%

结论：采用乙方案筹资。

5.债券的资本成本=12%×（1-25%）÷（1-3%）=9.28%

6.（1）债券的发行价格=100×10%×（P/A，8%，5）+100×（P/F，8%，5）

=100×10%×3.9927+100×0.6806=107.99（元）

（2）债券的资本成本=100×10%×（1-25%）÷［107.99×（1-4%）］=7.23%

五、综合题

1.$K_{甲}$=1 500÷3 000×20%+1 000÷3 000×15%+500÷3 000×12%=17%

$K_{乙}$=1 000÷3 000×20%+500÷3 000×15%+1 500÷3 000×12%=15.17%

$K_{丙}$=1 000÷3 000×20%+1 000÷3 000×15%+1 000÷3 000×12%=15.67%

乙方案的资本成本最低，所以应选择乙方案。

2.（1）增发普通股与增加债务两种方式的每股利润无差别点为：

（EBIT-I_1）（1-T）÷N_1=（EBIT-I_2）（1-T）÷N_2

（EBIT-20）×（1-25%）÷（10+5）=［EBIT-（20+40）］×（1-25%）÷10

解得：EBIT=140（万元）

（2）每股利润=（140-20）×（1-25%）÷15=6（元/股）

（3）当息税前利润大于140万元时，运用负债筹资可获得较高的每股利润；当息税前利润小于140万元时，运用权益筹资可获得较高的每股利润。已知追加筹资后，息税前利润预计为160万元，因此应采用方案二，即全部筹措长期债务。

第三章

一、单项选择题

1.B 2.D 3.D 4.C 5.B 6.B 7.A 8.D 9.A 10.C 11.A 12.B 13.C 14.D 15.D 16.A 17.D 18.B 19.B 20.D 21.A 22.C 23.B 24.C 25.C 26.B 27.C 28.D 29.C 30.B

二、多项选择题

1.AB 2.ABC 3.AB 4.ABCD 5.CDE 6.AC 7.BCE 8.ACD 9.AB 10.BD 11.ABCD 12.ABCDE 13.AB 14.ABC 15.AB

三、判断题

1.√ 2.× 3.× 4.√ 5.√ 6.√ 7.× 8.× 9.× 10.√ 11.√ 12.× 13.× 14.√ 15.√

四、计算分析题

1.A方案的总成本=100×10%+56=66（万元）

B方案的总成本=200×10%+25=45（万元）

C方案的总成本=400×10%=40（万元）

所以，C方案为最佳现金持有方案。

2.（1）最佳现金持有量=$\sqrt{2\times 500\times 250\,000\div 10\%}$=50 000（元）

（2）最佳现金管理总成本=$\sqrt{2\times 500\times 250\,000\times 10\%}$=5 000（元）

转换成本=250 000÷50 000×500=2 500（元）

持有机会成本=50 000÷2×10%=2 500（元）

（3）有价证券交易次数=250 000÷50 000=5（次）

（4）有价证券交易间隔期=360÷5=72（天）

3.该公司的现金周转期=90+60−60=90（天）

该公司的现金周转率=360÷90=4（次）

最佳现金持有量=2 000÷4=500（万元）

4.（1）经济进货批量=$\sqrt{2\times 4\,500\times 1\,500\div 150}$=300（吨）

（2）最佳订货次数=4 500÷300=15（次）

订货周期=360÷15=24（天）

（3）最佳存货总成本=$\sqrt{2\times 4\,500\times 1\,500\times 150}$=45 000（元）

5.原方案总成本=应收账款平均余额×变动成本率×资金成本率+赊销额×原坏账损失率+原收账费用

=720×60÷360×50%×6%+720×10%+5=80.60（万元）

新增收账费用上限=80.60 （720×50÷360×50%×6%+720×7%+5）=22.2（万元）

故采用新收账措施而增加的收账费用不应超过22.2万元。

6.（1）收益增加=销售量增加×单位边际贡献=2 000×（5−4）=2 000（元）

（2）应收账款占用资金的应计利息增加=Δ（应收账款平均余额×变动成本率×资金成本率）

=（12 000×5）×60÷360×4÷5×10%-（10 000×5）×30÷360×4÷5×10%

=800-333.33

=466.67（元）

（3）坏账损失增加=2 000×5×1.5%=150（元）

（4）收账费用增加=4 000-3 000=1 000（元）

（5）改变信用期的净损益=收益增加-成本费用增加

=2 000-（466.67+150+1 000）=383.33（元）

由于收益的增加大于成本费用的增加，故应采用60天的信用期。

五、综合题

（1）采用何种方案的决策：

单位：元

项　目	1个月的信用期	2个月的信用期
增加的销售额	30 000×15=450 000	40 000×15=600 000
增加的边际贡献	450 000×（1-60%）=180 000	600 000×（1-60%）=240 000
占用资金机会成本	450 000×40÷360×60%×10%=3 000	600 000×65÷360×60%×10%=6 500
坏账损失	450 000×2.5%=11 250	600 000×4%=24 000
收账费用	20 000	28 000
税前收益	145 750	181 500

从上面的计算可知，2个月信用期限的税前收益大于1个月信用期限的税前收益，所以应采用2个月的信用期限。

（2）是否采用现金折扣的决策：

单位：元

项　目	享受折扣
增加的销售额	450 000
增加的边际贡献	450 000×（1-60%）=180 000
应收账款平均余额	450 000×60%×10÷360+450 000×30%×20÷360+450 000×10%×40÷360=20 000
应收账款占用资金	20 000×60%=12 000
占用资金机会成本	12 000×10%=1 200
坏账损失	450 000×10%×2%=900
收账费用	15 000
折扣	450 000×2%×60%+450 000×1%×30%=6 750
税前收益	156 150

通过上述的计算可以看出，采用现金折扣后的税前收益小于2个月信用期限的税前收益，所以不应采用现金折扣方案，还是应采用信用期限为2个月的方案。

第四章

一、单项选择题

1.A 2.B 3.C 4.B 5.D 6.A 7.C 8.C 9.A 10.C 11.D 12.C 13.C 14.B 15.A 16.C 17.D 18.B

二、多项选择题

1.ABC 2.BCD 3.ABC 4.BD 5.AB 6.ABCD 7.BCD 8.ABC 9.AB 10.BC 11.ABC 12.ACD 13.CD 14.AD

三、判断题

1.× 2.× 3.√ 4.× 5.× 6.× 7.√ 8.√ 9.× 10.×

四、计算分析题

1.（1）项目计算期=2+8=10（年）

（2）固定资产原值=1 300 000+200 000=1 500 000（元）

残值=1 500 000×8%=120 000（元）

年折旧额=1 500 000×（1-8%）÷8=172 500（元）

（3）经营期的年净利润=［4 200×（150-80）-81 500-172 500］×（1-25%）=30 000（元）

（4）NCF_0=-1 300 000元

NCF_1=0

NCF_2=0

$NCF_{3\sim9}$=［4 200×（150-80）-81 500-172 500］×（1-25%）+172 500

=202 500（元）

NCF_{10}=202 500+120 000=322 500（元）

2.原始投资=360 000-160 000=200 000（元）

差额折旧=（200 000-0）÷5=40 000（元）

旧设备提前报废净损失抵减的所得税=（180 302-160 000）×25%=5 075.50（元）

ΔNCF_0=-（360 000-160 000）=-200 000（元）

ΔNCF_1=（100 000-50 000-40 000）×（1-25%）+40 000+5 075.50=52 575.50（元）

$\Delta NCF_{2\sim5}$=（120 000-60 000-40 000）×（1-25%）+40 000=55 000（元）

3.原始投资=360 000-160 000=200 000（元）

差额折旧=［200 000-（8 000-5 000）］÷5=39 400（元）

旧设备提前报废净损失抵减的所得税=［（280 000-100 000）-160 000］×25%=5 000（元）

ΔNCF_0=-（360 000-160 000）=-200 000（元）

ΔNCF_1=（120 000-60 000-39 400）×（1-25%）+39 400+5 000=59 850（元）

$\Delta NCF_{2\sim4}$=（120 000-60 000-39 400）×（1-25%）+39 400=54 850（元）

ΔNCF_5=54 850+（8 000-5 000）=57 850（元）

4.原始投资-950 000-150 000-800 000（元）

差额折旧=（800 000-0）÷5=160 000（元）

旧设备提前报废净损失抵减的所得税=［（500 000-200 000）-150 000］×25%=37 500（元）

ΔNCF_0=-（950 000-150 000）=-800 000（元）

ΔNCF_1=37 500元

（注：净损失抵税，如果有建设期的话，就在建设期期末来计算）

$\Delta NCF_{2\sim6}$=［8 000×（240-150）-260 000-160 000］×（1-25%）+160 000

=225 000+160 000=385 000（元）

5.固定资产原值=1 500 000元

固定资产残值=1 500 000×8%=120 000（元）

固定资产折旧=（1 500 000-120 000）÷8=172 500（元）

NCF_0=-1 000 000元

NCF_1=-500 000元

NCF_2=-500 000元

$NCF_{3\sim9}$=［32 000×（120-60）-172 500］×（1-25%）+172 500=1 483 125（元）

NCF_{10}=1 483 125+（500 000+120 000）=2 103 125（元）

NPV=1 483 125×［（P/A，18%，9）-（P/A，18%，2）］+2 103 125×（P/F，18%，10）-［1 000 000+500 000×（P/A，18%，2）］

=1 483 125×（4.3030-1.5656）+2 103 125×0.1911-（1 000 000+500 000×1.5656）

=2 679 013.56（元）

因为NPV=2 679 013.56元，大于0，所以可以进行该项目的投资。

6.（1）年折旧额=400 000×（1-4%）÷8=48 000（元）

固定资产残值=400 000×4%=16 000（元）

NCF_0=-400 000元

NCF_1=0

NCF_2=0

$NCF_{3\sim9}$=（324 000-162 000-48 000）×（1-25%）+48 000=133 500（元）

NCF_{10}=133 500+16 000=149 500（元）

（2）当i=16%时：

NPV=133 500×［（P/A，16%，9）-（P/A，16%，2）］+149 500×［（P/A，16%，10）-（P/A，16%，9）］-400 000

=133 500×（4.6065-1.6052）+149 500×（4.8332-4.6065）-400 000=34 565.20（元）

当i=18%时：

NPV=133 500×［（P/A，18%，9）-（P/A，18%，2）］+149 500×［（P/A，18%，10）-（P/A，18%，9）］-400 000

=133 500×（4.3030-1.5656）+ 149 500×（4.4941-4.3030）-400 000=-5 987.65（元）

则：IRR=16%+［34 565.20÷（34 565.20+5 987.65）］×（18%-16%）=17.70%

（3）因为IRR=17.70%，大于资金成本率16%，所以该方案可行。

7.固定资产净值=240 000-（240 000-12 000）÷10×2=194 400（元）

Δ原始投资=360 000-180 000=180 000（元）

Δ折旧额=［180 000-（18 000-12 000）］÷8=21 750（元）

旧设备提前报废净损失抵减所得税=（194 400-180 000）×25%=3 600（元）

ΔNCF_0=-（360 000-180 000）=-180 000（元）

ΔNCF_1=［（180 000-120 000）-（100 000-80 000）-21 750］×（1-25%）+ 21 750+3 600

=39 037.50（元）

$\Delta NCF_{2\sim7}$=［（180 000−120 000）−（100 000−80 000）−21 750］×（1−25%）+21 750
=35 437.50（元）

ΔNCF_8=35 437.50+（18 000−12 000）=41 437.50（元）

当i=10%时：

ΔNPV=39 037.50×（P/F，10%，1）+35 437.50×［（P/A，10%，7）−（P/A，10%，1）］+
41 437.50×（P/F，10%，8）−180 000
=39 037.50×0.9091+35 437.50×（4.8684−0.9091）+41 437.50×0.4665−180 000
=15 127.28（元）

当i=13%时：

ΔNPV =39 037.50×（P/F，13%，1）+35 437.50×［（P/A，13%，7）−（P/A，13%，1）］+
41 437.50×（P/F，13%，8）−180 000
=39 037.50×0.8850+35 437.50×（4.4226−0.8850）+41 437.50×0.3762−180 000
=−4 499.33（元）

则：ΔIRR=10%+［15 127.28÷（15 127.28+4 499.33）］×（13%−10%）=12.31%

因为10%<ΔIRR<13%，大于要求的最低投资报酬率（10%），所以可以进行更新改造。

五、综合题

1.（1）项目计算期=2+8=10（年）

（2）原始投资额=1 500 000+300 000+200 000+500 000=2 500 000（元）

投资总额=2 500 000+300 000=2 800 000（元）

（3）固定资产原值=1 500 000+300 000=1 800 000（元）

折旧额=（1 800 000−200 000）÷8=200 000（元）

（4）回收额=200 000+500 000=700 000（元）

（注：回收额为残值和流动资金）

（5）第3~6年的经营期净利润=［10 000×（280−140）−180 000−200 000−200 000÷5−300 000÷5−200 000］×（1−25%）
=540 000（元）

第7年的经营期净利润=［10 000×（280−140）−180 000−200 000−200 000÷5−300 000÷5−0］×（1−25%）
=690 000（元）

第8~10年的经营期净利润=［10 000×（280−140）−180 000−200 000］×（1−25%）=765 000（元）

（6）NCF_0=−1 000 000−300 000=−1 300 000（元）

NCF_1=−500 000元

NCF_2=−200 000−500 000=−700 000（元）

$NCF_{3\sim6}$=540 000+200 000+200 000÷5+300 000÷5+200 000=1 040 000（元）

NCF_7=690 000+200 000+200 000÷5+300 000÷5=990 000（元）

$NCF_{8\sim9}$=765 000+200 000=965 000（元）

NCF_{10}=965 000+200 000+500 000=1 665 000（元）

（7）投资回收期=4+|-420 000|÷1 040 000=4+0.40=4.40（年）

（8）净现值（NPV）$=NCF_{3\sim6}\times$［（P/A，14%，6）－（P/A，14%，2）］$+NCF_7\times$［（P/A，14%，7）－（P/A，14%，6）］$+NCF_{8\sim9}\times$［（P/A，14%，9）－（P/A，14%，7）］$+NCF_{10}\times$［（P/A，14%，10）－（P/A，14%，9）］－｛$NCF_0+NCF_1\times$（P/A，14%，1）$+NCF_2\times$［（P/A，14%，2）－（P/A，14%，1）］｝

=［1 040 000×（3.8887−1.6467）+990 000×（4.2883−3.8887）+965 000×（4.9464−4.2883）+1 665 000×（5.2161−4.9464）］+［−1 300 000+（−500 000）×0.8772+（−700 000）×（1.6467−0.8772）］

=1 534 151（元）

（9）净现值率（NPVR）=1 534 151÷2 277 250 ×100%=67.37%

（10）获利指数（PI）=1+67.37%=1.6737

（11）年等额净回收额=NPV ÷（P/A，14%，10）=1 534 151÷5.2161=294 118.40（元）

2.（1）A方案的税后现金流量：

单位：万元

时　间	0	1	2	3
原始投资额	（6 000）			
销售收入		2 500	4 000	6 200
经营成本		500	1 000	1 200
折旧		1 800	1 800	1 800
利润		200	1 200	3 200
税后利润		150	900	2 400
经营现金净流量		1 950	2 700	4 200
回收额				600
各年净现金流量	（6 000）	1 950	2 700	4 800

（2）A方案的净现值=1 950×0.9091+2 700×0.8264+4 800×0.7513−6 000=1 610.27（万元）

（3）A方案的回收期=2+（6 000−1 950−2 700）÷4 800=2.28（年）

（4）A方案的投资利润率=（150+900+2 400）÷3÷6 000×100%=19.17%

（5）B方案的净现值=−5 000+1 400×（P/A，10%，6）=−5 000+1 400×4.3553=1 097.42（万元）

（6）A方案的年等额净回收额=1 610.27÷（P/A，10%，3）=1 610.27÷2.4869=647.50（万元）

B方案的年等额净回收额＝1 097.42÷（P/A，10%，6）=1 097.42÷4.3553=251.97（万元）

所以A方案最优。

第五章

一、单项选择题

1.D　2.C　3.C　4.D　5.C　6.C　7.A　8.D　9.B　10.C　11.A　12.A　13.C　14.A　15.D　16.B　17.A　18.B　19.C　20.D　21.C　22.B　23.B　24.A　25.C

二、多项选择题

1.AD　2.ABC　3.ABCD　4.ABCD　5.ABD　6.AD　7.ABC　8.ACD　9.BCD　10.BC

11.BD 12.CD 13.CD 14.ABD

三、判断题

1.√ 2.× 3.× 4.× 5.× 6.√ 7.× 8.× 9.× 10.√ 11.√ 12.√ 13.× 14.√ 15.×

四、计算分析题

1.（1）债券价值=1 000×10%×（P/A，8%，5）+1 000×（P/F，8%，5）

=100×3.9927+1 000×0.6806

=1 079.87（元）

因为债券的价值高于债券的发行价格，所以投资者愿意购买该债券。

（2）债券价值=1 000×（1+5×10%）×（P/F，8%，5）

=1 500×0.6806=1 020.90（元）

因为该债券的价值高于债券的发行价格，所以投资者愿意购买该债券。

（3）债券价值=1 000×（P/F，8%，5）=1 000×0.6806=680.6（元）

因为该债券的价值低于债券的发行价格，所以投资者不会购买该债券。

2.K=8%+1.20×（16%−8%）=17.6%

V=d_1÷（K−g）=4÷（17.6%−2%）=25.64（元）

该股票的价值为25.64元/股，目前市价为24元/股，可以买入。

3.（1）V=100 000×8%÷2×（P/A，6%，10）+100 000×（P/F，12%，5）

=4 000×7.3601+100 000×0.5674

=86 180.40（元）

（2）债券市价（92 000元）高于债券内在价值（86 180.40元），不值得购买。

（3）如果按债券价值购入了该债券，此时购买债券的到期收益率是12%。

4.（1）β=40%×1.20+30%×1.70+30%×0.80=1.23

（2）K=8%+10%×1.23=20.3%

5.（1）β=1.50×30%+1.70×30%+1.80×40%=1.68

（2）K=7%+1.68×（9%−7%）=10.36%

五、综合题

（1）计算M、N公司股票价值：

M公司股票价值=0.15×（1+6%）÷（8%−6%）=7.95（元/股）

N公司股票价值=0.60÷8%=7.50（元/股）

（2）分析与决策：

由于M公司股票现行市价为9元/股，高于其投资价值7.95元/股，故M公司股票目前不宜购买。N公司股票现行市价为7元/股，低于其投资价值7.50元/股，故N公司股票值得投资。甲企业应购买N公司股票。

第六章

一、单项选择题

1.B 2.A 3.D 4.D 5.B 6.B 7.D 8.C 9.B 10.D 11.C 12.D 13.A 14.C

15.B 16.B 17.C 18.D 19.B 20.C

二、多项选择题

1.AC 2.ABD 3.ABC 4.AD 5.CD 6.AB 7.BCD 8.BD 9.ABCD 10.BD 11.ACE 12.BCD 13.BCDE 14.ABCD 15.ABCE

三、判断题

1.√ 2.× 3.√ 4.× 5.× 6.× 7.× 8.× 9.× 10.× 11.× 12.× 13.× 14.√ 15.×

四、计算分析题

1.（1）加权平均边际贡献率=$\frac{20 \times 25\% \times 50\,000 + 50 \times 10\% \times 30\,000}{20 \times 50\,000 + 50 \times 30\,000}$×100%=16%

盈亏平衡点的销售收入=450 000÷16%=2 812 500（元）

（2）A产品盈亏平衡点的销售量=2 812 500×（1 000 000÷2 500 000）÷20=56 250（件）

B产品盈亏平衡点的销售量=2 812 500×（1 500 000÷2 500 000）÷50=33 750（件）

（3）增加广告费的加权平均边际贡献率=$\frac{20 \times 25\% \times 60\,000 + 50 \times 10\% \times 20\,000}{20 \times 60\,000 + 50 \times 20\,000}$×100%=18.18%

盈亏平衡点的销售收入=（450 000+50 000）÷18.18%=2 750 275.03（元）

因此，该广告措施可行。

2.发放股票股利需从“未分配利润”中划出资金：

10×500 000×1÷10=500 000（元）

股票面额不变，增发50 000股，股本增加50 000元，其余450 000元作为溢价转至“资本公积”。

股本	550 000元
资本公积	2 450 000元
未分配利润	9 500 000元
股东权益合计	12 500 000元

五、综合题

（1）根据固定股利支付率政策：

公司去年每股盈余=500÷100=5（元）

股利支付率=3÷5×100%=60%

今年每股盈余=475÷100=4.75（元）

今年每股股利=4.75×60%=2.85（元）

（2）根据剩余股利政策：

扩充所需权益资金=400×40%=160（万元）

可分配盈余=475−160=315（万元）

每股股利=315÷100=3.15（元）

第七章

一、单项选择题

1.A 2.C 3.C 4.C 5.D 6.C 7.A 8.C 9.D 10.A 11.C 12.C 13.B 14.D 15.C 16.B 17.B 18.D

二、多项选择题

1.AB 2.ABCD 3.ABD 4.ABC 5.AC 6.ABCD 7.ABCD 8.CD 9.ABC 10.ABC 11.BCD 12.ABC 13.BC 14.ACD 15.ABD 16.ABCD 17.ABCD 18.AC

三、判断题

1.× 2.√ 3.√ 4.× 5.× 6.√ 7.× 8.× 9.√ 10.√ 11.× 12.√ 13.× 14.× 15.√ 16.√ 17.× 18.√

四、计算分析题

1.（1）23×5 400+152 400=276 600（元）

（2）23×6 600+152 400+90 000×5%=308 700（元）

2.（1）800 000−（450 000−80 000）−（160 000−85 000）=355 000（元）

（2）800 000−450 000−160 000=190 000（元）

或 355 000−80 000−85 000=190 000（元）

3.（1）第一季度：100×1 000=100 000（元）

第二季度：100×1 500=150 000（元）

第三季度：100×2 000=200 000（元）

第四季度：100×1 800=180 000（元）

（2）第一季度：60 000+100 000×60%=120 000（元）

第二季度：100 000×40%+150 000×60%=130 000（元）

第三季度：150 000×40%+200 000×60%=180 000（元）

第四季度：200 000×40%+180 000×60%=188 000（元）

（3）180 000×40%=72 000（元）

4.（1）耗用量的预算数：

第一季度：（2 000+1 800×20%−400）×5=1 960×5=9 800（千克）

第二季度：（1 800+2 400×20%−1 800×20%）×5=1 920×5=9 600（千克）

第三季度：（2 400+2 200×20%−2 400×20%）×5=2 360×5=11 800（千克）

第四季度：（2 200+2 100×20%−2 200×20%）×5=2 180×5=10 900（千克）

材料采购量的预算数：

第一季度：9 800+ 3 000−2 800=10 000（千克）

第二季度：9 600+ 3 200−3 000=9 800（千克）

第三季度：11 800+ 3 600−3 200=12 200（千克）

第四季度：10 900+ 3 400−3 600=10 700（千克）

（2）材料采购成本的预算数：

第一季度：10 000×3=30 000（元）

第二季度：9 800×3=29 400（元）

第三季度：12 200×3=36 600（元）

第四季度：10 700×3=32 100（元）

材料采购现金支出的预算数：

第一季度：10 000+30 000×60%=28 000（元）

第二季度：30 000×40%+29 400×60%=29 640（元）

第三季度：29 400×40%+36 600×60%=33 720（元）

第四季度：36 600×40%+32 100×60%=33 900（元）

5.（1）第一季度：3 000+4 500+9 000+30 000+3 000+6 000+5 000=60 500（元）

第二季度：3 200+4 800+9 600+30 000+3 000+6 000+5 000=61 600（元）

第三季度：3 500+5 250+10 500+30 000+3 000+6 000+5 000=63 250（元）

第四季度：4 000+6 000+12 000+30 000+3 000+6 000+5 000=66 000（元）

（2）第一季度：3 000+4 500+9 000+30 000+3 000+5 000=54 500（元）

第二季度：3 200+4 800+9 600+30 000+3 000+5 000=55 600（元）

第三季度：3 500+5 250+10 500+30 000+3 000+5 000=57 250（元）

第四季度：4 000+6 000+12 000+30 000+3 000+5 000=60 000（元）

6.（1）40 000×60%+200 000×40%=104 000（元）

（2）40 000×50%+30 000+ 35 000+ 18 000+ 13 000+ 36 000=152 000（元）

（3）9 000 +104 000−152 000−20 000=−59 000（元）

（4）−59 000元+ 借款金额 ≥ 8 000元，借款金额又需为2 000元的倍数，故应向银行借款68 000元。

（5）−59 000 +68 000=9 000（元）

五、综合题

1.（1）A产品利润弹性预算：

利润弹性预算表

销售量（万件）	30	40	50	60	70
单价（元/件）	80	80	80	80	80
单位变动成本（元/件）	56	56	56	56	56
销售收入（万元）	2 400	3 200	4 000	4 800	5 600
减：变动成本（万元）	1 680	2 240	2 800	3 360	3 920
边际贡献（万元）	720	960	1 200	1 440	1 680
减：固定成本（万元）	600	600	600	600	600
营业利润（万元）	120	360	600	840	1 080

（2）企业利润弹性预算：

利润弹性预算表

销售收入百分比	70%	80%	90%	100%	110%
销售收入（万元）	9 800	11 200	12 600	14 000	15 400
减：变动成本（万元）	6 860	7 840	8 820	9 800	10 780
边际贡献（万元）	2 940	3 360	3 780	4 200	4 620
减：固定成本（万元）	3 000	3 000	3 000	3 000	3 000
营业利润（万元）	−60	360	780	1 200	1 620

2.（1）编制2024年销售预算表：

2024年销售预算表

项　目	第一季度	第二季度	第三季度	第四季度	全年合计
预计销售量（件）	1 000	1 500	2 000	1 800	6 300
预计单位售价（元/件）	100	100	100	100	100
销售收入（元）	100 000	150 000	200 000	180 000	630 000
增值税销项税额（元）	13 000	19 500	26 000	23 400	81 900
含税收入（元）	113 000	169 500	226 000	203 400	711 900

（2）编制2024年预计现金收入表：

2024年预计现金收入表

单位：元

项　目	第一季度	第二季度	第三季度	第四季度	全年合计
上年年末应收账款	62 000				62 000
第一季度（含税收入）	113 000×60%=67 800	113 000×40%=45 200			113 000
第二季度（含税收入）		169 500×60%=101 700	169 500×40%=67 800		169 500
第三季度（含税收入）			226 000×60%=135 600	226 000×40%=90 400	226 000
第四季度（含税收入）				203 400×60%=122 040	122 040
现金收入合计	129 800	146 900	203 400	212 440	692 540

（3）2024年年末应收账款余额=第四季度含税销售收入×（1-本期收现率）

=203 400×（1-60%）

=81 360（元）

（4）按简捷法计算该企业应交增值税估算率：

2023年销项税额=500 000×13%=65 000（元）

2023年总成本=500 000×（1-30%）=350 000（元）

2023年材料采购成本=350 000×60%=210 000（元）

2023年材料进项税额=210 000×13%=27 300（元）

2023年应交增值税=65 000-27 300=37 700（元）

应交增值税估算率=应交增值税÷销售收入×100%=37 700÷500 000×100%=7.54%

（5）用简捷法编制2024年应交税费和税金及附加预算表：

2024年应交税费和税金及附加预算表

单位：元

项　目	第一季度	第二季度	第三季度	第四季度	全年合计
应交增值税	100 000×7.54%=7 540	150 000×7.54%=11 310	200 000×7.54%=15 080	180 000×7.54%=13 572	47 502
税金及附加	7 540×（3%+7%）=754	11 310×10%=1 131	15 080×10%=1 508	13 572×10%=1 357.2	4 750.2
现金支出合计	8 294	12 441	16 558	14 929.2	52 207.2

3.

生产预算、材料消耗预算和直接人工预算表

项　目	第一季度	第二季度	第三季度	第四季度	全年合计
预计销售量（件）	5 000	6 000	8 000	7 000	26 000
加：预计期末存货量（件）	600	800	700	600	600
减：期初存货量（件）	750	600	800	700	750
预计生产量（件）	4 850	6 200	7 900	6 900	25 850

续表

项　目	第一季度	第二季度	第三季度	第四季度	全年合计
单位产品材料消耗定额（千克/件）	2	2	2	2	2
预计直接材料消耗量（千克）	9 700	12 400	15 800	13 800	51 700
单位产品工时定额（小时/件）	5	5	5	5	5
预计生产需要定额工时总量（小时）	24 250	31 000	39 500	34 500	129 250
单位工时的工资额（元/小时）	0.6	0.6	0.6	0.6	0.6
预计直接人工成本（元）	14 550	18 600	23 700	20 700	77 550

4.（1）6月份的生产量=6月份的预计销售量+6月末的预计产成品存货量−6月初的产成品存货量
=15 000+20 000×10%−1 500=15 500（件）

（2）6月份的材料需用量=15 500×10=155 000（千克）

6月份的材料采购量=155 000+7 000−2 000=160 000（千克）

（3）6月份的采购成本=160 000×2=320 000（元）

6月份的采购金额=320 000×（1+13%）=361 600（元）

（4）根据当月购货款“在当月支付70%，下月支付30%”可知，5月末的应付账款30 000元全部在6月份付现，所以：

6月份的采购现金支出=361 600×70%+30 000=283 120（元）

（5）6月份的经营现金收入=12 000×100×（1+13%）×55%+15 000×100×（1+13%）×40%
=745 800+678 000=1 423 800（元）

（6）6月份的现金预算表：

现金预算表

单位：元

项　目	金　额
期初现金余额	510 000
经营现金收入	1 423 800
可运用现金合计	1 933 800
经营现金支出：	1 474 120
采购现金支出	283 120
支付直接人工	650 000
支付制造费用	72 000
支付销售费用	64 000
支付管理费用	265 000
支付应交税费和税金及附加	120 000
预交所得税	20 000
资本性现金支出：	700 000
购置固定资产	700 000
现金支出合计	2 174 120
现金余缺	−240 320
借入银行借款	750 000
期末现金余额	509 680

注：支付制造费用=60 000+12 000=72 000（元）

支付管理费用=（280 000−60 000）+45 000=265 000（元）

支付应交税费和税金及附加=15 000×100×8%=120 000（元）

5.（1）编制的制造费用弹性预算表如下：

制造费用弹性预算表

单位：元

项目	每小时变动费用	生产能力（定额工时）			
		90%	100%	110%	120%
		54 000	60 000	66 000	72 000
预算变动成本					
间接材料	0.50	27 000	30 000	33 000	36 000
间接人工	0.30	16 200	18 000	19 800	21 600
电力	0.18	9 720	10 800	11 880	12 960
修理费	0.12	6 480	7 200	7 920	8 640
合计	1.10	59 400	66 000	72 600	79 200
全年预算固定成本					
间接材料		11 000	11 000	11 110	11 110
间接人工		3 000	3 000	3 000	3 000
电力		2 000	2 000	2 000	2 000
修理费		4 000	4 000	4 200	4 200
折旧		9 000	9 000	9 900	9 900
其他		5 000	5 000	5 000	5 000
合计		34 000	34 000	35 210	35 210
费用合计		93 400	100 000	107 810	114 410

（2）编制的2024年弹性预算执行报告如下：

2024年弹性预算执行报告

单位：元

项目	预算	实际	差异
间接材料	44 110	26 340	−17 770
间接人工	22 800	15 050	−7 750
电力	13 880	8 800	−5 080
修理费	12 120	7 200	−4 920
折旧	9 900	10 000	100
其他	5 000	6 000	1 000
合计	107 810	73 390	−34 420

第八章

一、单项选择题

1.D 2.B 3.B 4.B 5.B 6.C 7.B 8.B 9.C

二、多项选择题

1.ABC　2.ACD　3.ABCD　4.BCD　5.ABD　6.CD　7.BCD　8.ABCD　9.BCD　10.AB　11.ACD　12.CD

三、判断题

1.×　2.×　3.×　4.×　5.×　6.√　7.×　8.×　9.×　10.×

四、计算分析题

1.（1）A公司投资利润率=33 000÷300 000×100%=11%

B公司投资利润率=1 150÷10 000×100%=11.5%

C公司投资利润率=800÷8 000×100%=10%

（2）A公司剩余收益=33 000−300 000×10%=3 000（元）

B公司剩余收益=1 150−10 000×10%=150（元）

C公司剩余收益=800−8 000×10%=0

（3）从投资利润率看，B公司优于A公司和C公司，但从剩余收益来看，A公司优于B公司和C公司。综合看，A公司业绩最优。

2.（1）利润中心贡献毛益总额=110−60=50（万元）

（2）利润中心负责人可控利润总额=50−10=40（万元）

（3）利润中心可控利润总额=40−15=25（万元）

3.（1）①利润中心贡献毛益总额=200×（1−60%）=80（万元）

②利润中心负责人可控利润总额=80−（30−10）=60（万元）

③利润中心可控利润总额=60−10=50（万元）

（2）①投资利润率=［200×（1−60%）−30］÷100×100%=50÷100×100%=50%

②剩余收益=50−100×15%=35（万元）

4.（1）公司经理贡献毛益=300−300×60%−（27−15）=108（万元）

（2）公司贡献毛益=108−15=93（万元）

（3）公司税前利润=93−8=85（万元）

5.（1）2023年投资报酬率=60÷200×100%=30%

2023年剩余收益=60−200×20%=20（万元）

（2）2024年剩余收益=（60+24）−（200+100）×20%=24（万元）

6.（1）追加投资前甲投资中心剩余收益=200×（15%−12%）=6（万元）

（2）追加投资前乙投资中心投资额=20÷（17%−12%）=400（万元）

（3）追加投资前A公司投资报酬率=（200×15%+400×17%）÷（200+400）×100%
=16.33%

（4）追加投资后甲投资中心的剩余收益=（200×15%+20）−（100+200）×12%=14（万元）

（5）追加投资后乙投资中心的投资报酬率=（400×17%+15）÷（400+100）×100%
=16.6%

7.各指标计算如下：

投资中心考核指标

金额单位：元

投资中心	甲	乙	丙
销售收入	500 000	**300 000**	450 000
销售成本费用	480 000	**276 000**	**427 500**
利润	**20 000**	**24 000**	22 500
经营资产平均占用额	**200 000**	100 000	90 000
经营资产周转率（次数）	**2.5**	3	**5**
销售利润率	**4%**	**8%**	**5%**
投资报酬率	10%	24%	**25%**

五、综合题

（1）追加投资前A投资中心的投资报酬率=100 000 ÷ 2 000 000×100%=5%

追加投资前A投资中心的剩余收益=100 000−2 000 000×10%=−100 000（元）

追加投资前B投资中心的投资报酬率=450 000 ÷ 3 000 000×100%=15%

追加投资前B投资中心的剩余收益=450 000−3 000 000×10%=150 000（元）

（2）追加投资前总公司的投资报酬率=550 000 ÷ 5 000 000×100%=11%

追加投资前总公司的剩余收益=550 000−5 000 000×10%=50 000 （元）

（3）追加投资后A投资中心的投资报酬率=（100 000+120 000）÷（2 000 000+1 500 000）×100%
=6.29%

追加投资后A投资中心的剩余收益=220 000−3 500 000×10%=−130 000（元）

追加投资后总公司的投资报酬率=（550 000+120 000）÷（5 000 000+1 500 000）×100%
=10.31%

追加投资后总公司的剩余收益=670 000−6 500 000×10%=20 000（元）

（4）追加投资后B投资中心的投资报酬率=（450 000+290 000）÷（3 000 000+2 000 000）×100%
=14.8%

追加投资后B投资中心的剩余收益=740 000−5 000 000×10%=240 000（元）

追加投资后总公司的投资报酬率=（550 000+290 000）÷（5 000 000+2 000 000）×100%
=12%

追加投资后总公司的剩余收益=840 000 −7 000 000×10%=140 000（元）

（5）虽然方案一使得A投资中心的投资报酬率有所增加，但使得总公司的投资报酬率却降低了，所以A投资中心可能接受这个方案，但这会有损总公司的利益。虽然方案二使得B投资中心的投资报酬率有所下降，但却增加了总公司的投资报酬率，所以该公司可能会采取这个方案，但B投资中心可能拒绝它。

注：投资报酬率这个指标缺乏全局观念，有时很难使投资中心的局部目标与企业的总体目标保持一致。

（6）若实施方案一，A投资中心的剩余收益将会减少30 000元，总公司同样如此，所以这个方案不可行。

若实施方案二，B投资中心的剩余收益将会增加90 000元，总公司同样如此，所以这个方案可行。

注：剩余收益能使投资中心的局部目标与总公司的目标达成一致。

第九章

一、单项选择题

1.C 2.A 3.D 4.C 5.D 6.B 7.C 8.A 9.A 10.C 11.D 12.C 13.D 14.C 15.D 16.D 17.D 18.C 19.D 20.D 21.D 22.B 23.A 24.C 25.B

二、多项选择题

1.ABCD 2.BC 3.ABC 4.ACD 5.AB 6.ADE 7.CD 8.ADE 9.BCDE 10.DE 11.AD 12.ADE 13.ABCD 14.ABCD 15.ACE 16.BCDE 17.ACDE 18.BCD 19.ABCE 20.ABC

三、判断题

1.√ 2.√ 3.√ 4.√ 5.√ 6.× 7.√ 8.× 9.× 10.× 11.√ 12.√ 13.× 14.√ 15.× 16.√ 17.× 18.√ 19.√ 20.×

四、计算分析题

1.流动负债=60÷1.5=40（万元）

（1）流动比率=（60+8）÷（40+8）=1.42

（2）流动比率=（60−3）÷（40+2）=1.36

2.（1）每股盈余=40 000÷12 500=3.2（元/股）

（2）每股股利=28 750÷12 500=2.3（元/股）

3.

经济业务对有关指标的影响

经济业务	流动资产比率	营运资本	流动比率	税后利润
发行普通股取得现金	+	+	+	0
支付上年所得税	−	0	0	0
以低于账面价值出售固定资产	+	+	+	−
赊销（售价大于成本）	+	+	+	+
支付过去采购的货款	−	0	0	0
贴现短期应收票据	−	−	−	−
支付管理费	−	−	−	−

4.权益资本=600×（1−45%）=330（万元）

未分配利润=260×（1−20%）=208（万元）

从外部筹措权益资本=330−208=122（万元）

5.（1）流动负债=54 000÷3=18 000（元）

速动资产=18 000 ×1.3=23 400（元）

年末存货=54 000−23 400=30 600（元）

年平均存货=（30 000+30 600）÷2=30 300（元）

销售额=30 300×4=121 200（元）

（2）因为应收账款以外的速动资产是微不足道的，所以：

年末应收账款=速动资产=23 400元

应收账款平均余额=（25 400+23 400）÷2=24 400（元）

应收账款周转次数=121 200÷24 400≈5（次）

平均收账期=360÷5=72（天）

五、综合题

（1）流动比率=2 620 000÷1 320 000=1.98

资产负债率=（1 320 000+1 026 000）÷3 790 000×100%=61.90%

已获利息倍数=（182 000+98 000）÷98 000=2.86

平均存货=（700 000+966 000）÷2=833 000（元）

存货周转率=5 570 000÷833 000=6.69（次）

应收账款平均余额=（1 344 000+1 156 000）÷2=1 250 000（元）

应收账款周转次数=6 430 000÷1 250 000=5.14（次）

平均收账期=360÷5.14=70（天）

固定资产周转率=6 430 000÷1 170 000=5.50（次）

总资产周转率=6 430 000÷3 790 000=1.70（次）

销售净利率=110 000÷6 430 000×100%=1.71%

资产净利率=110 000÷3 790 000×100%=2.90%

权益净利率=110 000÷1 444 000×100%=7.62%

（2）该公司存在的问题有：

① 应收账款收现慢，管理不善。

② 固定资产周转慢，投资额大。

③ 销售额低。